EIN MANN. EIN GRILL.

OTUS Lifestyle

Ivana's
BBQ
Sauce

INHALT

Vorwort 4

Einleitung

Grundlagen des Grillens 6

Auswahl des Grillguts 15

Kräuter und Gewürze 21

Getränke zum Grillen 23

Fleisch und Geflügel 24

Fisch 58

Gemüse und Salate 84

Marinaden, Soßen, Dips 108

Süßes 120

Register 134

VORWORT

Grillen ist mehr als nur eine Art der Essenzubereitung – es ist Freiheit, Unabhängigkeit und ein ganz besonderes Lebensgefühl. Vor allem Männer lieben die Ursprünglichkeit dieser Garmethode. Das würzige Aroma und das wunderbar zarte, saftige Fleisch bieten dabei einen besonderen Genuss. Durch die besondere Atmosphäre entsteht ein ganz eigenes Gefühl: Man sitzt im Freien zusammen und der köstliche Geruch, der dem Grill entsteigt, steigert die Vorfreude auf das Essen. Dabei ist es egal, ob Sie einen Holzkohlegrill nutzen oder ein modernes Elektro- oder Gasgerät. Entscheidend ist das Zusammensitzen in gemütlicher Runde. Und das können Sie nicht nur im Sommer! Denn wer schon einmal das Wintergrillen ausprobiert hat, der wird auf dieses kulinarische Highlight nicht mehr verzichten wollen. Welche Grillmethode Sie auch anwenden, eines ist und bleibt entscheidend: die Erfahrung und Raffinesse eines guten Grillmeisters. Damit Sie Ihre Grillkünste auch wirkungsvoll zur Entfaltung bringen können und an Grill und Essenstisch keine Langeweile aufkommt, finden Sie in diesem Buch abwechslungsreiche Rezepte zum Nachmachen. Viel Spaß beim Grillen und Genießen!

GRUNDLAGEN DES GRILLENS

Grillen bietet inzwischen eine gewaltige Bandbreite an Möglichkeiten: Wer das Aroma von Gegrilltem liebt, kann nicht nur unter zahlreichen Grillgeräten und -methoden wählen, auch die Vielfalt des Grillguts sowie der Gewürze, Kräuter und Marinaden bietet Ihnen unzählige Varianten. Im Folgenden erhalten Sie hierzu einen kurzen Überblick.

EINE LANGE TRADITION

Grillen ist die wohl älteste Zubereitungsart von Speisen. Seit der Mensch den Umgang mit Feuer erlernt hat, wird Essen auf diese Weise zubereitet und in Gemeinschaft verzehrt. Seitdem haben sich weltweit zahlreiche Grilltraditionen entwickelt. In Europa etwa lässt sich das Grillen schon in der Zeit der Neandertaler belegen und im ersten römischen Kochbuch von Apicius fand sich bereits im ersten Jahrhundert vor Christus ein Bratwurstrezept. Die beliebte Nürnberger Rostbratwurst fand im Jahr 1404 ihre erste urkundliche Erwähnung. Heute sind Bratwürste in Deutschland so beliebt, dass ihnen sogar ein Museum gewidmet ist: Das erste deutsche Bratwurstmuseum wurde am 28. Mai 2006 in Holzhausen, Thüringen, eröffnet.

Doch nicht nur in Europa bringt das gemeinsame Grillvergnügen die Menschen in geselliger Runde zusammen. So treffen sich die Amerikaner mit Vorliebe beim Barbecue und auch die Argentinier, heute Meister des Grillens, schätzen schon seit Langem den Geschmack von gegrilltem Fleisch beim traditionellen Asado. Auch beim Grillen sind indes die Geschmäcker überall verschieden. Während etwa hierzulande eher Würstchen, Steaks oder Hähnchen auf den Rost kommen, sind es beim Braai, der südafrikanischen Variante des Barbecue, auch gerne mal Exoten wie Straußen- oder Krokodilfleisch. Und auch Vegetarier und Veganer kommen heutzutage immer mehr auf ihre Kosten. Gemüse vom Grill ist inzwischen nicht nur eine

leckere Beilage, es kann auch in wunderbaren Variationen als Hauptspeise zubereitet werden. Die Möglichkeiten sind hierbei so vielfältig, dass für jeden etwas dabei ist.

DIE GRILLGERÄTE

Die Auswahl an Grillgeräten auf dem Markt ist enorm. Grundsätzlich unterteilt man hierbei nach Art der Hitzeerzeugung in Holzkohle-, Gas- und Elektrogrills. Welchen Grill Sie wählen, hängt jeweils von Ihren Ansprüchen ab. Was dabei zu beachten ist, lesen Sie im Folgenden.

Holzkohlegrill – der Klassiker

Wer es ursprünglich mag, wird sich meist für einen Holzkohlegrill entscheiden. Das Grillen mit dem Holzkohlegrill beansprucht zwar ein wenig Zeit, denn diese benötigt die Holzkohle, um die richtige Temperatur zu erreichen. Doch das Anglühen der Kohlen und das Knistern der Glut gehören für eingefleischte Holzkohlefans einfach zum Grillen dazu. Jedes Modell besteht hier aus Gestell, Grillschale und Rost. Idealerweise lässt sich der Rost dabei in der Höhe verstellen. Das hat den Vorteil, dass die Hitze reguliert werden kann. Außerdem ist ein stabiler Windschutz wichtig. Er sorgt dafür, dass die Glut ruhig brennen kann und die Asche nicht hochwirbelt. Möchten Sie Ihren Grill öfter an einem anderen Ort aufstellen, sollten Sie beim Kauf auf eine Rollvorrichtung achten, die den Transport erleichtert. Um länger Freude an Ihrem Grill zu haben, sind außerdem hochwertige Materialien empfehlenswert. Diese lassen sich auch leichter reinigen. Einige Grillmodelle sind zudem mit speziellen Aschesystemen ausgestattet, die Ihnen das Säubern zusätzlich erleichtern. Generell sollte der Grillrost nach jeder Benutzung gereinigt werden. Praktisch hierfür ist eine Messingbürste. Alternativ können Sie auch zusammengeknüllte Alufolie verwenden.

Das richtige Brennmaterial

Haben Sie sich für einen Holzkohlegrill entschieden, steht die nächste Entscheidung beim Brennmaterial an. Hier haben Sie die Wahl zwischen

Holzkohle und Briketts. Eine Glut aus Holzkohle entwickelt eine starke und gleichmäßige Hitze bei gleichzeitig geringer Rauchbildung. Es lohnt sich, in gute Kohle zu investieren, denn billige Ware kann beim Verbrennen ungesunde Rückstände freisetzen. Soll die Glut besonders lange (drei bis vier Stunden) am Glimmen gehalten werden, sind Briketts am besten geeignet. Sie bestehen aus zerkleinerter Holzkohle, die zu Stücken gepresst wurde. Zwar dauert es etwas länger, bis die Briketts angezündet sind, dafür glühen sie jedoch um einiges länger. Wollen Sie zwar Briketts verwenden, aber nicht auf das typische Holzkohlenaroma verzichten, zünden Sie einfach noch ein paar Holzkohlestücke zusätzlich an.

Feuer richtig anfachen

Neben Holzkohle oder Briketts benötigen Sie zum Feueranfachen einen Grillanzünder. Hierbei gehen die Vorlieben auseinander. Doch egal, ob fest, flüssig oder als Gel – beachten Sie unbedingt die Gebrauchsanweisung! Neben den klassischen Anzündern gibt es heute im Handel auch viele umweltfreundliche Varianten, beispielsweise aus Hobelspänen oder Pinienholz. Zeitungspapier ist hingegen nicht empfehlenswert: Die Asche wird aufgewirbelt und kann auf das Grillgut gelangen.

Zum Anzünden schichten Sie Kohle und Briketts zu einer kleinen Pyramide auf. Verteilen Sie die Anzündhilfe nach Verpackungsanweisung bzw. geben Sie flüssige Anzündhilfen über die Pyramide. Zünden Sie das Ganze an und lassen es einige Zeit brennen. Sobald die Kohlestücke anfangen zu glühen, schichten Sie weitere kalte Kohle bzw. Brikettstücke darüber. Damit die Glut nicht im Keim erstickt, benötigt sie Sauerstoff. Manche Grills weisen hierzu spezielle Luftöffnungen auf, alternativ können Sie auch einen Handblasebalg verwenden. Auch einfaches Wedeln oder Pusten hilft. Wenn die Kohle gleichmäßig glüht, wird sie über die gesamte Grillschale verteilt. Nachdem die Kohle durchgeglüht ist und sich eine weiße Ascheschicht gebildet hat, ist die ideale Temperatur

Der Anzündkamin

Wer es bequemer haben möchte, kann einen **Anzündkamin** verwenden. Dieser besteht aus einem Blechrohr mit Belüftungslöchern im unteren Bereich, einer gelochten Auflage für das Brennmaterial und einem Griff. Man stellt den Anzündkamin auf eine **feuerfeste Unterlage** (z. B. den Kohlerost des Grills), füllt den oberen Teil mit Kohle oder Briketts und zündet im unteren Teil zwei bis drei **Anzündwürfel** an. Durch die Kaminwirkung beginnt das Brennmaterial innerhalb kurzer Zeit zu glühen. Nach ca. 20 Minuten können Sie es in den Grill schütten. Benutzen Sie zum Umfüllen unbedingt **Grillhandschuhe**, denn nicht bei jedem Modell ist der Griff des Kamins perfekt isoliert.

erreicht, um das Grillgut aufzulegen. Um den richtigen Rostabstand zu bestimmen, halten Sie Ihre Hand zwei Sekunden über den Rost. Ist das problemlos möglich, ohne dass Ihnen zu heiß wird, ist die Temperatur genau richtig.

Gasgrill – Alternative für Ungeduldige

Wer die Zeit für das Anheizen mit Kohle oder Briketts einsparen möchte, ist mit einem Gasgrill gut beraten. Auch die Rauchentwicklung ist hierbei nicht so stark wie beim Holzkohlegrill. Gerade für Mietwohnungen sind Gasgrills deshalb eine gute Alternative. Durch die Drehregler lässt sich die Hitze zudem leicht regulieren. Für den normalen Hausgebrauch reicht in der Regel ein einfacher Grill mit zwei bis drei Brennern. Damit das herabtropfende Fett beim Grillen nicht in die Brenner gelangt und Stichflammen entstehen lässt, sollten Sie beim Kauf darauf achten, dass das Gerät seitlich angebrachte Brenner oder spezielle Bleche über dem Feuer aufweist. Bei einigen Modellen wird die Entstehung von Stichflammen durch Lava- oder Keramiksteine verhindert, die das Fett aufnehmen und sich leicht austauschen lassen.

Generell sollten Sie bei einem Gasgrill nicht an der Qualität sparen. Denn hochwertige Materialien halten länger und lassen sich besser reinigen. Hat der Grill zusätzlich noch seitliche Ablageflächen, haben Sie zudem genügend Platz, um Grillgut und Grillbesteck griffbereit abzustellen. Höherwertige Gasgrills, die mit einer Aromaschiene ausgestattet sind, bieten Ihnen die Möglichkeit, den Geschmack Ihres Grillguts zusätzlich zu verfeinern: Die Metallleisten werden dazu mit einer Flüssigkeit wie Bier oder Wein bzw. einer Kräuter-Wasser-Mischung gefüllt. Während des Garens verdampft die Flüssigkeit und gibt das Aroma an das Grillgut ab. Wenn Sie neben dem Hauptgang auch Beilagen anbieten wollen, benötigen Sie Platz. Achten Sie deshalb auf eine ausreichend große Grillfläche und genügend Abstellmöglichkeiten.

Gasgrills richtig reinigen

Zum Reinigen eines Gasgrills müssen Sie nicht viel Aufwand betreiben: Der komplette Grill muss nicht nach jedem Grillen gereinigt werden, zumindest aber sollten Sie den Grillrost von Fett und Fleischresten befreien. Auch die Fettauffangschale und die Abstellflächen freuen sich über eine Extrapflegeeinheit. Auf diese Weise lässt sich auch die Lebensdauer Ihres Grills erheblich verlängern. Schließen Sie dazu den Deckel und heizen Sie den Grill auf höchster Stufe auf. Bei diesem Vorgang verbrennen Fett und Speisereste. Der Ruß lässt sich dann ganz einfach mit einer Drahtbürste entfernen. Im Anschluss daran wischen Sie den Grillrost mit einem feuchten Tuch und etwas Spülmittel ab. Wasser und Spülmittel können Sie auch für alle Ablageflächen und die Auffangschale verwenden. Entfernen Sie etwaige Reste gleich nach dem Gebrauch, so können sich keine hartnäckigen Verschmutzungen festsetzen. Das gesamte Gestell des Gasgrills reinigen Sie nach Bedarf.

Elektrogrill – ein fast rauchfreies Grillvergnügen

Elektrogrills sind in jeder Größe im Handel erhältlich. Wer sich für einen Elektrogrill entscheidet, benötigt statt Anzündhilfe und Brennmaterial lediglich eine Steckdose und eventuell ein Verlängerungskabel für die Terrasse. Nach dem Einschalten müssen Sie nur kurz warten und das Grillvergnügen kann beginnen. Tischmodelle können Sie auch problemlos in der Wohnung einsetzen, denn das Grillen mit den Elektrogrill ist nahezu rauchfrei. Gerade bei überraschendem Regen ist dies von Vorteil.

Das richtige Grillzubehör

Zur **Basisausstattung** beim Grillen gehört neben dem Grill selbst noch weiteres Zubehör. Auf jeden Fall benötigen Sie **Grillbesteck** wie Zange, Gabel und Wender, Grillhandschuhe sowie eine **Reinigungsbürste**. Ob das Fleisch durch ist oder noch eine Weile braucht, messen Sie am besten mit einem **Fleischthermometer**. Nicht unbedingt nötig, aber sehr nützlich sind Grillkörbe für Fisch und Gemüse. Wer auch mal draußen Pizza backen möchte, ist mit einem **Pizzastein** gut beraten, und für alle, die einen Braten grillen wollen, sind große **Drehspieße** empfehlenswert.

DIE GARMETHODEN

Ebenso vielfältig wie die Grillgeräte sind die verschiedenen Garmethoden beim Grillen. Angefangen bei direktem und indirektem Grillen bis hin zu Smoken und Plank Grilling gibt es inzwischen eine Vielzahl an Garmethoden mit jeweils eigenen Vorzügen und Ergebnissen. Die wichtigsten lernen Sie im Folgenden kennen.

Direktes und indirektes Grillen

Grundsätzlich unterscheidet man zwischen direktem und indirektem Grillen.

Während das Grillgut beim direkten Grillen auf dem Rost direkt über der Glut brutzelt, werden Fleisch und Fisch beim indirekten Grillen nicht direkt über der Glut, sondern daneben platziert. Hierzu wird die Kohle an eine Seite der Grillschale geschoben und daneben eine Tropfschale als Tropfschutz aufgestellt. Das Grillgut wird über der Tropfschale angeordnet. Auf diese Weise wird es besonders schonend gegart.

Direktes Grillen ist geeignet zum Angrillen von Steaks oder Koteletts oder zum Anbraten von Gemüse in einer Alu-Grillschale. Die Garzeit variiert hierbei je nach Grillgerät und Abstand des Grillrosts zur Glut. Bratwürste und Hamburger brauchen hierbei ungefähr 5 bis 10 Minuten, Koteletts, je nach Fleischart, zwischen 10 und 20 Minuten.

Indirektes Grillen eignet sich zum Fertiggrillen vorgebratener Steaks und für alle Fleischstücke, die zum Garen eine niedrigere Temperatur oder eine längere Zeit benötigen, z.B. große Braten. Diese Grillmethode ist auch sehr gut für Fisch, vegetarische Grillspieße und größere Teilstücke von Lamm, Rind, Schwein und Geflügel geeignet. Zum indirekten Grillen verwendet man in der Regel einen Kugelgrill. Denn nur in einem geschlossenen Grill kann die Wärme optimal zirkulieren und gleichmäßig auf das Grillgut einwirken. Zudem lässt sich auf diese Weise die empfohlene Temperatur besser erreichen und konstant halten.

Smoken – für herzhaftes Raucharoma

Wenn Ihnen zum Grillen Würstchen, Steaks und Gemüse reichen, können Sie diesen Abschnitt getrost überspringen. Denn beim Smoken geht es um mehrere Kilo schwere Fleischstücke und echte Spareribs. Besonders beliebt für ein richtiges Barbecue ist im Allgemeinen Fleisch, das viel Fett und Bindegewebe enthält, wie Schweinefleisch, Rinderbrust oder Geflügel wie Hähnchen. Eigentlich ist diese Grillmethode eher ein Räuchern als ein Grillen im eigentlichen Sinne. Es die ursprüngliche Kunst, mit

Feuer, Rauch und sehr viel Zeit einen echten kulinarischen Hochgenuss zu servieren. Das passende Grillgerät dazu heißt Smoker. Heutige BBQ-Smoker bestehen aus einem Gestell, einer großen, aufklappbaren Garkammer und einer separaten Feuerbox. Zunächst wird in der Feuerbox ein Holzfeuer angefacht, wobei Hitze und Rauch durch eine Öffnung in die Garkammer ziehen. Ist in der Garkammer die richtige Temperatur erreicht (zwischen 110 und 130 °C), wird das Grillgut auf den Rost gelegt. Über die Belüftungsklappe lässt sich die Luftzufuhr und damit die Rauchentwicklung regulieren. Mit dem heißem Rauch wird das Grillgut langsam durchgegart und erhält so das typische Raucharoma. Zwölf oder mehr Stunden sind dabei völlig normal. Was danach aus dem Smoker kommt, ist besonders zart und zergeht förmlich auf der Zunge. Kein Wunder, dass ein BBQ-Smoker der Traum vieler Grillfans ist! Mit einer guten Bauanleitung können Sie einen Smoker selbst bauen, im Handel finden Sie ebenfalls eine Vielzahl an Modellen in jeder Preisklasse.

Smoken und Marinade

Was beim **Smoken** auf keinen Fall fehlen darf, ist eine kräftige **Marinade**. Am besten marinieren Sie das Fleisch mindestens einen Tag im Voraus. Während des Garens bepinseln Sie das **Grillgut** immer wieder mit der Marinade – so wird der **BBQ-Genuss** perfekt.

Plank Grilling

Hierzulande noch ein Geheimtipp unter den Grill-Profis, ist „Plank Grilling“ (Plankengrillen), eine Variante des Smokens, in den USA und in Kanada schon seit Langem ein Hit. Hierbei wird Fisch, Fleisch oder Gemüse auf Holzbrettchen gegrillt, die auf dem Grillrost platziert werden. Jede Holzsorte gibt dabei ein anderes Aroma ab. Während für das klassische Smoken ein spezieller Grill benötigt wird, verwendet man für das Plankengrillen einfach einen geschlossenen herkömmlichen Grill. Bei einem offenen Grill können Sie zum Abdecken auch ein großes Stück Alufolie verwenden. Wichtig ist, die Planken vor dem Grillen mindestens eine halbe Stunde in Wasser einzulegen, damit sie auf dem Grill nicht verbrennen. So kann sich das Holz mit Wasser vollsaugen und es entsteht beim Grillen eine leichte Rauchentwicklung. Auf diese Weise kann das Raucharoma intensiv in das Grillgut eindringen.

WINTERGRILLEN

Wenn auch Sie keine Lust haben, monatelang auf Fleisch vom Grill zu verzichten, dann reihen Sie sich doch einfach in die Gilde der Wintergriller ein! Auch hierzu gibt es die passende Ausrüstung. Vor allem, wer keinen schweren Grill durch tiefen Schnee schleppen will, kann zu einem Klappgrill greifen. Er lässt sich schnell zusammenklappen und bietet ausreichend Platz für Steaks, Würstchen und Hähnchenkeulen. Wenn Sie hingegen auf der eigenen Terrasse grillen, ist ein Terrassenheizer praktisch, der Grillmeister und Gästen gleichermaßen Wärme bietet.

Gegrillt wird alles, was die Saison hergibt, vor allem jedoch Fleisch, Wurst und Fisch. Für Wärme von innen sorgen Marinaden mit feurigen Gewürzen. Im Rezeptteil dieses Buches finden Sie viele Anregungen, die Ihnen innerlich ordentlich einheizen und Ihre Geschmacksnerven sicherlich zum Glühen bringen. Probieren Sie zum Wintergrillen z. B. einmal die würzigen Rindfleisch-Paprika-Spieße (siehe S. 36 f.), herzhafte Wiener im Teig (siehe S. 46 f.) oder Gemüse-Pakete (siehe S. 90 f.) für die Vegetarier unter den Grillgästen. Auch selbst gemachte Bratäpfel (siehe S. 130 f.) dürfen beim Wintergrillen nicht fehlen. Der Fantasie sind dabei keine Grenzen gesetzt. Schenken Sie sich und Ihren Gästen einen wärmenden Glühwein ein, während das Grillgut auf dem Rost liegt, und genießen Sie gemeinsam die winterliche Atmosphäre, wenn die Schneeflocken zur Erde rieseln.

AUSWAHL DES GRILLGUTS

Ob Fleisch, Geflügel oder Fisch, Obst oder Gemüse – zum Grillen eignet sich vieles. Auf diese Weise findet jeder das Passende für seinen Geschmack. Hinweise und Tipps zu den verschiedenen Grillgutarten finden Sie im Folgenden.

FLEISCH KAUFEN

Grundsätzlich können Sie jedes Fleischstück aus Rind-, Schweine-, Lamm- oder Geflügelfleisch grillen, das Sie auch in der Pfanne braten können. Die Kunst, beim Grillen von Fleisch ein schmackhaftes Ergebnis zu erzielen, beginnt dabei schon mit dem Einkauf. Denn der Geschmack des Fleischs hängt stark von seiner Qualität ab. Kaufen Sie daher am besten beim Metzger Ihres Vertrauens. Achten Sie beim Kauf, vor allem bei Rindfleisch, auf eine schöne Marmorierung, denn sie weist auf einen aromatischen, zarten und saftigen Geschmack hin. Nicht empfehlenswert hingegen ist zu mageres Fleisch, denn Fett ist ein wichtiger Aromaträger. Zudem sorgt es dafür, dass das Fleisch saftig und schmackhaft bleibt. Einen eventuell vorhandenen Fettrand können Sie gern abschneiden, jedoch erst nach dem Garen. Denn er hält das Fleisch beim Braten schön saftig.
Entscheidend ist auch die richtige Schnitttechnik: Schneiden Sie die Fleischstücke stets quer zur Faser. Nur so wird das Fleisch beim Grillen schön zart. Achten Sie zudem darauf, dass die Fleischstücke mindestens fingerdick sind. Denn ist das Fleisch zu dünn geschnitten, kann es beim Grillen schnell austrocknen und wird zäh. Bevor Sie das Grillgut auf den Grill legen, sollten keine Flammen mehr zu sehen sein, sondern nur eine schöne Glut. Denn bei zu starker Hitze verbrennt das Fleisch und wird ungenießbar.

Zimmertemperatur

Vor dem Grillen sollten Sie das **Fleisch** unbedingt auf **Zimmertemperatur** bringen. Legen Sie es nicht direkt aus dem **Kühlschrank** auf den Grill, denn das kann die **Qualität** beeinträchtigen. Am besten ist es, Steak, Würstchen und Co. mindestens eine Stunde vor dem Grillen aus dem **Kühlschrank** zu nehmen.

Schweinefleisch – unkompliziert zubereitet

Für absolute Grillneulinge ist Schweinefleisch gut geeignet, denn es wird fast immer saftig und zart. Koteletts oder Schnitzel aus Schweinefleisch sind besonders beliebt, da sie recht unkompliziert in der Handhabung sind. Sie werden ganz durchgebraten und Sie müssen sich dabei im Gegensatz zu Lamm- oder Rindfleisch an keine exakten Grillzeiten halten. Möchten Sie sich etwas Besonderes gönnen, nehmen Sie Schweinefilet oder Schweinelende. Bei einem besonders rustikalen Grillfest darf gegrillter Schweinebauch nicht fehlen. Er stammt aus dem vorderen Bauchteil des Schweins und sollte vor dem Grillen in etwa 1 bis 1,5 Zentimeter dicke Scheiben geschnitten werden.

Rindfleisch – immer gut abgehangen

Gutes Rindfleisch sollte immer richtig gereift sein. Denn je länger das Fleisch reift, desto ausgeprägter ist sein Aroma. Achten Sie beim Kauf darauf, dass das Rindfleisch dunkelrot gefärbt ist. Denn dann ist es wirklich gut abgehangen. Für Grillanfänger sind Steaks aus der Hochrippe oder Ribeye empfehlenswert. Das bekannte Roastbeef stammt aus der Rinderlende und kann am Stück oder in Scheiben als Rumpsteak gegrillt werden. Wer Steaks möchte, die etwas stärker mit Fett durchzogen sind, sollte sich das Fleisch aus der Rinderhüfte schneiden lassen. Rinderfilet hingegen sorgt für ein edles Grillvergnügen.

Würste richtig grillen

Brühwürste wie Bockwürste oder Wiener – ebenso wie gepökeltes Fleisch – sollten **nicht auf den Grill**. Durch das enthaltene Nitritpökelsalz können beim Grillen krebserregende Substanzen entstehen. Damit die **Haut** bei größeren Würsten nicht unschön **aufplatzt**, sollte sie mehrmals eingeschnitten werden. Die **Schnitte** können parallel oder kreuzweise ausgeführt werden.

Generell sollte Rindfleisch nicht zu dünn geschnitten sein, da die Scheiben sonst beim Grillen austrocknen. Die ideale Dicke beträgt zwischen drei und fünf Zentimeter. Im Gegensatz zum Schweinefleisch wird Rindfleisch nicht ganz durchgebraten. Im Inneren sollte es immer rosa sein. Grillen Sie Rindfleisch zuerst von jeder Seite eine Minute, und dann von jeder Seite nochmals zwei Minuten. Dann ist es „medium" (halb durchgebraten). Die genaue Grilldauer hängt jedoch von der Fleischdicke und vom Abstand zur Glut ab. Machen Sie einfach den Drucktest: „Medium" gegrilltes Fleisch gibt auf Fingerdruck nur wenig nach.

Das perfekte Steak vom Grill

Für die richtige Würze legen Sie das Rindersteak einen Tag zuvor in eine Marinade ein und lassen es im Kühlschrank ziehen. Die Marinade tupfen Sie vor dem Grillen gründlich ab, damit sie später nicht heruntertropft. Grillen Sie jede Seite rund zwei Minuten und legen Sie das Steak dann zum indirekten Garen neben den Kohlen auf den Rost. Bei geschlossenem Deckel lassen Sie es weitere zehn Minuten garen. Dann wird das Steak „medium". Nachdem Sie es vom Grill geholt haben, wickeln Sie es kurz in Alufolie ein und lassen es circa drei Minuten ruhen. Prüfen Sie den Garzustand niemals mit einer Grillgabel, sonst verliert das Steak seinen Saft und wird trocken. Machen Sie stattdessen die Druckprobe: „medium rare" („englisch") entspricht der Festigkeit Ihres Handballens, wenn Sie Daumen und Zeigefinger zusammenlegen. Daumen und Mittelfinger zusammengeführt, entsprechen in der Festigkeit einem „medium" gebratenen Steak. Wenn Sie Daumen und kleinen Finger aneinanderlegen, ist der Handballen so hart wie ein durchgebratenes Steak („welll done").

Lammfleisch – frisch vom Rost

Liebhaber von Lammfleisch müssen auch beim Grillen nicht auf diesen Genuss verzichten. Wählen Sie hierzu am besten Koteletts oder eine Lammkeule –

entweder am Stück oder in Scheiben geschnitten. Beim Kauf sollten Sie darauf achten, dass das Lammfleisch rosa gefärbt ist. Die Fettschichten, die das Fleisch durchziehen, sollten weiß und keinesfalls gelb sein. Dann stammt das Fleisch von jungen Lämmern und hat einen guten Geschmack.
Damit Koteletts vom Lamm saftiger bleiben, können Sie die Fettstreifen einschneiden und mitgrillen. Nach dem Grillen können Sie die Fettschicht abschneiden. Besonders zart und aromatisch wird Lammfleisch, wenn Sie es vor dem Grillen einige Stunden marinieren.

Wie Rindfleisch wird auch Lammfleisch nicht ganz durchgebraten. Lammkoteletts werden etwa zwei bis drei Minuten von jeder Seite gegrillt, dann haben sie eine schöne rosa Farbe im Inneren. Für eine Lammkeule oder einen Lammrücken am Stück benötigen Sie mindestens 20 Minuten. Wenn Sie Lammfleisch grillen, sollten Sie es immer frisch vom Rost servieren, denn nach dem Erkalten schmeckt das Fett oftmals leicht tranig.

Geflügel – fettarme Alternative

Geflügelfleisch ist fettarm, zart und leicht verdaulich. Deshalb ist es zum Grillen sehr beliebt. Bei der Lagerung und Zubereitung sollten Sie allerdings einige grundlegende Regeln beachten, da ansonsten die Gefahr einer Salmonelleninfektion gegeben ist. Wichtig ist hierbei insbesondere eine ausreichende Kühlung. Achten Sie außerdem auf kurze Transport- und Lagerzeiten. Zum Transport nutzen Sie am besten Kühltaschen und Kühlakkus. Rohes Geflügel sollten Sie stets mit einer Zange oder Gabel anfassen und den Kontakt zu anderen Lebensmitteln vermeiden. Haben Sie marinierte Geflügelteile eingekauft, tupfen Sie die Marinade vor dem Grillen ab. So können Kräuter und Gewürze nicht verbrennen und es entstehen keine krebserregenden Substanzen. Am besten nutzen Sie zum Grillen von Ge-

flügel Alugrillschalen. Achten Sie bei Geflügel zudem immer darauf, dass es vollständig durchgegart ist. Braten Sie das Fleisch hierzu zunächst scharf an und schieben Sie es dann an den Rand des Grills. So kann nichts verbrennen und am Grillrand garen die Stücke richtig durch.

Fisch und Meeresfrüchte – mediterraner Grillgenuss

Probieren Sie Fisch und Meeresfrüchte vom Grill und zaubern Sie so eine leichte, frische und maritime Küche vom Rost. Gut geeignet für den Grillrost sind festfleischige Fischsorten wie Forelle, Lachs, Thunfisch und Dorade sowie Meeresfrüchte wie Garnelen, Scampi und Tintenfische. Achten Sie beim Fischeinkauf immer auf Frische und bevorzugen Sie Fische aus nachhaltigem Fischfang. Das Siegel des Marine Stewardship Councils (MSC) steht für nachhaltige Fischerei und beugt einer Überfischung der Meere vor. Eine Orientierungshilfe für den nachhaltigen Fischkauf sind Fischratgeber von Organisationen wie dem WWF und Greenpeace.

Empfindliche Fischfilets grillen Sie am besten in gut gefetteter Alufolie. Auch Grillkörbe oder Fischzangen zum Einspannen ganzer Fische verhindern ein Zerfallen beim Grillen. Für empfindliche Fischfilets ohne Haut eignen sich auch Grillschalen. Kleine Meeresfrüchte wie Garnelen können Sie zum Grillen gut auf Spieße stecken. Für Fisch benötigen Sie einen größeren Abstand zur Glut als beim Grillen von Fleisch. Er sollte nicht direkt über der Glut, sondern daneben liegen. Die Grillzeit bei Fisch variiert je nach Dicke. Um zu testen, ob es gar ist, stechen Sie einfach mit einem Messer in die dickste Stelle und schieben das Fleisch leicht auseinander. Es sollte kräftig weiß und nicht durchscheinend sein.

GRILLEN FÜR VEGETARIER

Längst ist Grillen nicht nur für Fleischesser interessant. Denn auch für Vegetarier gibt es tolle Alternativen, und auch wer sonst nicht gerne fleischlos isst, sollte Gemüse, Obst, Käse und Tofu vom Grill unbedingt probieren. Zum Grillen eignen sich viele Gemüsesorten wie z.B. Paprikaschoten, Zwiebeln, Champignons, Tomaten, Zucchini oder Auberginen. Auch Süßkartoffeln, Kürbisse, Chinakohl oder Karotten sind gut zum Grillen geeignet. Verwenden Sie hierzu am besten eine Alugrillschale oder stecken Sie das Gemüse klein geschnitten auf Spieße. So fällt nichts durch den Grillrost.

Als Nachspeise eignet sich gegrilltes Obst hervorragend. Achten Sie beim Einkauf darauf, dass es reif, aber noch fest ist. Für leckere Obstspieße können Sie z.B. in Stücke geschnittene Äpfel, Birnen, Nektarinen und Ananas mischen. Nicht zuletzt darf auch Käse in allen Varianten nicht fehlen. Zum Grillen eignen sich festere Käsesorten wie Schafskäse oder Camembert.

KRÄUTER UND GEWÜRZE

Kräuter, Gewürze und Marinaden sind ein wichtiger Bestandteil beim Grillen. Egal, ob Sie Fleisch, Fisch oder Gemüse grillen – mit der richtigen Würze bereichern Sie Ihr Grillgut stets durch vielfältige Aromen. Ob Gewürzmischung, Marinade oder einfach nur Salz und Pfeffer – die Möglichkeiten sind vielfältig und für jeden Geschmack ist etwas dabei.

AROMATISCHE MARINADEN

Marinaden machen Fleisch oder Fisch zarter und saftiger. Zudem sorgen sie dafür, dass Kräuter und Gewürze besser am Grillgut haften. Basis für Marinaden sind vielfach Öl, Zitronensaft oder Essig sowie Gewürze und Kräuter. Auch Joghurt und Sojasoße eignen sich. Fleisch, Fisch und Geflügel harmonieren dabei unterschiedlich gut mit verschiedenen Kräutern und Gewürzen. So verträgt Fleisch kräftige Marinaden, zu Geflügel passen sehr gut Marinaden mit exotischen Noten und mit Fisch harmonieren fruchtige Marinaden. Als Grundregel gilt außerdem: Helle Marinaden passen gut zu hellem Fleisch wie Schwein oder Geflügel, dunkle Marinaden sind vor allem zum Grillen von dunklen Fleischsorten wie Rind, Lamm oder Wild geeignet.

Mariniertes Grillfleisch können Sie sowohl direkt als auch indirekt grillen. Legen Sie das Grillgut mindestens vier Stunden in der Marinade ein und bewahren Sie es im Kühlschrank auf. In vielen Marinaden können Sie das Grillgut auch über Nacht einlegen. Vor dem Grillen nehmen Sie es aus der Marinade, lassen es gut abtropfen und tupfen es vorsichtig mit Küchenpapier ab.

KLEINE WÜRZLEHRE

Wenn Sie qualitativ hochwertiges Fleisch grillen möchten, reicht es meist aus, es mit Salz und Pfeffer zu bestreuen. Denn eine perfekte Fleischqualität sollte möglichst nicht von allzu vielen Gewürzen überdeckt werden. Selbst hierbei gibt es mittlerweile schon eine große Bandbreite. Sie finden feines Salz, Meersalz oder Rauchsalz ebenso wie weißen oder schwarzen Pfeffer. Damit Pfeffer sein volles Aroma entwickelt, zerstoßen Sie am besten ganze Pfefferkörner im Mörser oder mahlen sie frisch in einer Gewürzmühle und streuen sie dann über das Grillgut. Kommt das Fleisch sofort auf den Rost, können Sie es vor dem Grillen salzen, ansonsten lieber erst zum Essen.

Neben Salz und Pfeffer kommen beim Grillen häufig noch weitere Gewürze und Kräuter zum Einsatz. Als Faustregel gilt dabei: Je heller und feiner Fleisch oder Fisch ist, desto zurückhaltender sollten Sie beim Würzen sein. Sie kön-

nen sowohl getrocknete als auch frische Kräuter verwenden. Um zu verhindern, dass die Kräuter auf dem Grill verbrennen, empfiehlt sich das schonende Garen in einer Aluschale.
Sind Sie unsicher, welche Kräuter und Gewürze zu bestimmten Arten von Grillgut passen, können Sie sich an folgenden Angaben orientieren:

→ *Schweinefleisch:*
Beifuß, Cayennepfeffer, Estragon, Knoblauch, Koriander, Lorbeer, Majoran, Paprika, Thymian
→ *Rindfleisch:*
Chili, Cayennepfeffer, Ingwer, Knoblauch, Petersilie, Rosmarin, Salbei, Thymian
→ *Lammfleisch:*
Knoblauch, Majoran, Minze, Rosmarin, Salbei, Thymian
→ *Geflügelfleisch:*
Beifuß, Curry, Estragon, Ingwer, Knoblauch, Kümmel, Majoran, Thymian, Zitronengras
→ *Fisch:*
Basilikum, Dill, Estragon, Ingwer, Knoblauch, Majoran, Oregano, Paprika, Petersilie, Rosmarin, Thymian

Würzen mit Rubs, Lack und Mop

Neben dem Marinieren und dem Bestreuen des Grillguts mit Kräutern und Gewürzen gibt es noch weitere Würzmethoden. Feste Begriffe beim Grillen sind beispielsweise Lack und Mob. Unter einem Lack versteht man eine flüssige Gewürzmischung, die in den meisten Fällen Zucker enthält. Er wird erst in den letzten Minuten der Grillzeit mit einem Pinsel auf das Grillgut aufgetragen. Der im Lack enthaltene Zucker karamellisiert und verleiht Fleisch, Fisch und Co. eine aromatische Kruste. Ein Mop ist etwas dünnflüssiger als ein Lack und wird ebenfalls kurz vor Ende der Grillzeit auf das Grillgut aufgetragen. Hierzu sind spezielle Mop-Pinsel erhältlich. Rubs (von engl. „to rub“ = einreiben) hingegen sind trockene Gewürzmischungen, mit denen das Fleisch vor dem Grillen eingerieben wird. Das Ganze wird auch als trockenes Marinieren bezeichnet. Sie können Rubs selbst mischen oder als Fertiggewürze im Handel kaufen.

GETRÄNKE ZUM GRILLEN

„Was serviere ich zum Trinken?“ Dies ist eine Frage, die man sich häufig bei der Vorbereitung von Grillpartys stellt. Je nach Alter und Geschmack der Gäste bieten sich dabei verschiedene Möglichkeiten. Zum Grillen im Sommer eignen sich z.B. Wasser, Weinschorle und Bier. Aus Weißwein, Fruchtsaft, Sekt und frischem Obst lässt sich im Handumdrehen eine erfrischende Bowle zaubern. Für die kleinen Gäste sollten Sie unbedingt an alkoholfreie Getränke denken. Neben Mineralwasser, Limonaden und Fruchtsäften sind hier auch Eistees sehr beliebt.

Zum Wintergrillen dürfen es auch gern einmal Heißgetränke sein. Schließlich laden die kalten Außentemperaturen förmlich dazu ein, etwas wohlig Warmes zu genießen. Neben Glühwein und Feuerzangenbowle heizen auch wärmender Tee und Punsch den Grillgästen innerlich ein. Für die Kleinen empfiehlt sich heißer Apfelsaft – gerne auch mit Zimt verfeinert – oder ein leckerer Früchtetee.

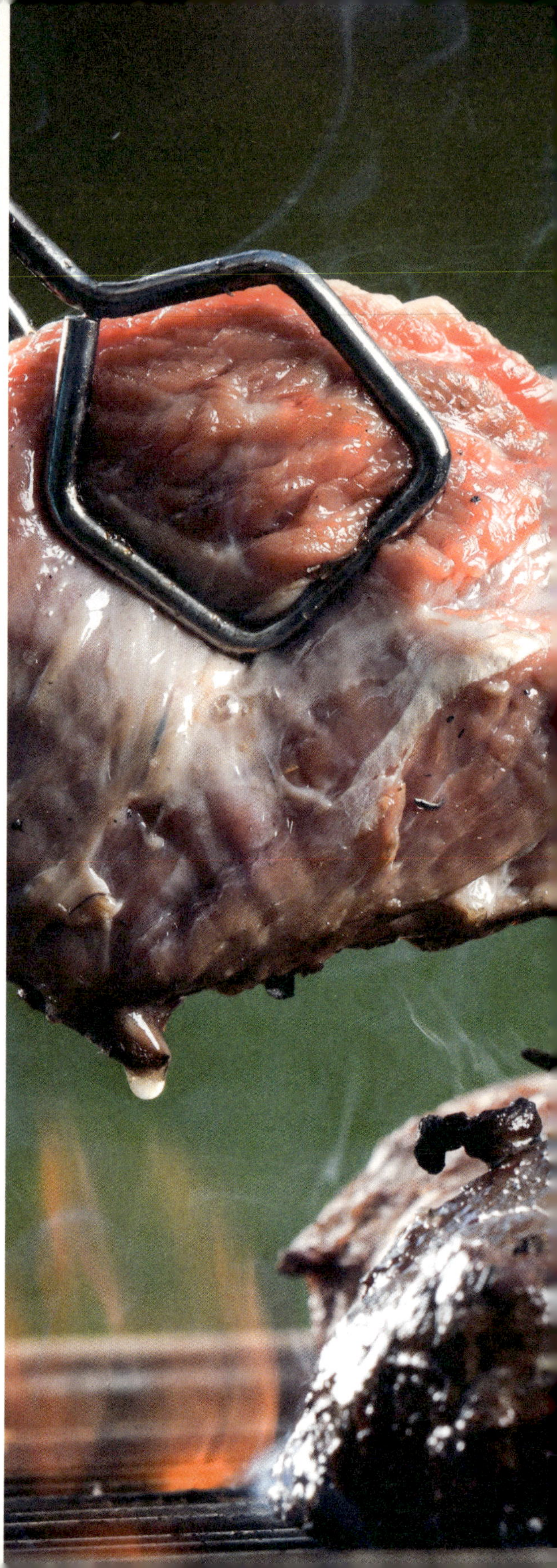

FLEISCH UND GEFLÜGEL

T-BONE-STEAK
DER KLASSIKER

Für 2 Portionen | Zubereitungszeit: 10 Min.

Ein saftig gebratenes T-Bone-Steak ist für jeden Steak-Liebhaber ein kulinarisches Highlight. Also nichts wie ran an den Grill!

Zutaten

1 T-Bone-Steak (à 600 g)
Meersalz
frisch gemahlener Pfeffer
Olivenöl

So wird's gemacht

1. Den Grill auf hohe Temperatur vorheizen. Steak würzen. Ein Küchenkrepp mit Öl beträufeln und den Grillrost damit einölen.

2. Steak auf den Grillrost legen und dann so lange grillen, bis an der Oberseite Blut austritt. Dies dauert bei einem ca. 3 Zentimeter dicken Steak ca. 5 Minuten. Steak am besten mit einer Grillzange wenden (eine Gabel oder ein Spieß würden die Fleischstruktur zerstören). Steak von der anderen Seite fertig grillen. Auf der zweiten Seite braucht das Fleisch nicht mehr so lange.

3. Steak auf einen vorgewärmten Teller legen. Nach Belieben mit etwas Olivenöl beträufeln.

FEURIGE SPARERIBS

Für 3 Portionen | Zubereitungszeit: 30 Min. + 1 Std. Ruhezeit

Ob Spareribs, Rippchen, Back Ribs oder Short Rib. Egal, wie Sie sie nennen – nach diesen Knochen werden Sie sich die Finger lecken.

So wird's gemacht

1. Zwiebeln klein hacken und in einem Topf mit Öl glasig werden lassen. Zucker zugeben und alles karamellisieren. Tomatenketchup, Essig, Worcestersoße und Honig zufügen und aufkochen. Mit Salz, Pfeffer und Chiliflocken abschmecken.

2. Spareribs in eine Schale geben, mit ¾ der Soße übergießen und mindestens 1 Stunde marinieren lassen.

3. Spareribs auf dem Grill gar grillen und mit der restlichen Soße zusammen servieren.

Zutaten

2 Zwiebeln
2 El Pflanzenöl
2 EL brauner Zucker
200 ml Tomatenketchup
2 El Kräuteressig
1 EL Worcestersoße
4 EL Honig
Salz
frisch gemahlener Pfeffer
Chiliflocken
4 Spareribs

HOTDOG VOM GRILL
KRAUT-STYLE

Für 4 Portionen | Zubereitungszeit: 20 Min.

Es muss zum Sauerkraut nicht immer eine Haxe sein. Probieren Sie das deftige Kraut doch einfach mal mit „heißem Hund".

So wird's gemacht

1. Sauerkraut gut abtropfen lassen und mit der Soße vermischen. Gewürzgurken der Länge nach in Viertel schneiden.

2. Würste am Rand des heißen Grills von allen Seiten grillen. Hotdog-Brötchen etwa bis zur Hälfte einschneiden und nach Belieben auf dem Grill erwärmen. Brötchen mit Würsten, Gewürzgurken und Honig-Senf-Dill-Sauerkraut füllen.

Zutaten

150 g Sauerkraut (frisch oder aus der Dose)
50 g Honig-Senf-Dill-Soße (z. B. von Knorr)
50 g Gewürzgurke
4 Rinderbratwürste (à 80 g)
4 Hotdog-Brötchen

„FORGET-SUSHI"-SPARERIBS MIT SESAM

Für 4 Portionen | Zubereitungszeit: 30 Min. + 1 Std. Ruhezeit

Wer will schon Sushi? Aber die Idee mit dem Sesammantel ist bei genauerer Betrachtung gar nicht so schlecht – probieren Sie es aus, mit saftigen Spareribs!

Zutaten

2 kg Spareribs
4 EL Aprikosenkonfitüre
1 TL Paprikapulver
4–6 TL Zitronensaft
2 EL Sesam
Salz

So wird's gemacht

1. Spareribs portionieren. Aprikosenkonfitüre mit Paprikapulver, Zitronensaft und Sesam verrühren. Spareribs damit bestreichen, in eine Schüssel geben und mit Folie abgedeckt mindestens 1 Stunde marinieren lassen.

2. Folie entfernen und Spareribs leicht salzen. Spareribs auf dem Grill gar grillen und dabei das Fleisch immer wieder mit der Marinade bestreichen.

HOLZFÄLLERSTEAK
NUR ECHT MIT KAROHEMD!

Für 4 Portionen | Zubereitungszeit: 25 Min. + 30 Min. Ruhezeit

Nach getaner Arbeit in der frischen Natur haben Sie mal wieder Lust auf ein ordentliches Stück Fleisch? Dann ist das Holzfällersteak jetzt genau das Richtige.

Zutaten

50 ml Knoblauchsoße (z. B. von Knorr)
1 EL Bier
1 EL körniger Senf
4 Holzfällersteaks (à 200 g)

So wird's gemacht

1. Soße mit Bier und Senf glatt rühren. Die Hälfte der Soße für das fertig gegrillte Fleisch beiseite stellen. Mit dem Rest die Holzfällerscheiben rundherum bestreichen und ca. 30 Minuten marinieren.

2. Holzfällerscheiben auf dem heißen Grill auf beiden Seiten knusprig anrösten. Anschließend am Rand des Grills bei geringer Hitze pro Seite ca. 6 Minuten fertig garen. Holzfällersteak mit der Senf-Bier-Knoblauch-Soße anrichten.

RINDFLEISCH-PAPRIKA-SPIESSE

Für 4 Portionen | Zubereitungszeit: 45 Min. + 1 Std. Ruhezeit

Zwischendurch darf es auch mal etwas Gemüse sein. Deshalb wechseln sich auf diesen Spießen Paprika, Zucchini und Fleisch ab – für ein Mehr an Genuss!

Zutaten

1 EL schwarze Pfefferkörner
2 Stängel Rosmarin
5 kleine Schalotten
8–10 frische kleine Knoblauchzehen
4 EL Olivenöl
1 TL Zucker
Salz
1 rote Paprikaschote
1 Zucchini
2 dicke Rumpsteaks (à 200 g)
Öl für den Grillrost

So wird's gemacht

1. Pfefferkörner im Mörser grob zerstoßen. Rosmarin waschen, trocken schütteln und die Nadeln abzupfen. 1 Schalotte und 2 Knoblauchzehen schälen, sehr fein hacken und mit Rosmarin, Pfeffer und Öl verrühren. Restliche Schalotten und Knoblauchzehen schälen. Etwas Wasser in einem kleinen Topf mit Zucker und 1 Prise Salz aufkochen. Schalotten und Knoblauch im kochenden Wasser ca. 3 Minuten blanchieren, abgießen und eiskalt abschrecken. Paprika und Zucchini waschen, putzen und in Stücke schneiden.

2. Steaks in größere Würfel schneiden und abwechselnd mit Schalotten, Knoblauch, Zucchini und Paprika auf die Spieße stecken. Spieße mit der Marinade einreiben und zugedeckt im Kühlschrank mindestens 1 Stunde marinieren. Holzkohlengrill anheizen. Spieße aus der Marinade nehmen und bei mittlerer Hitze auf dem eingeölten Rost ca. 12–15 Minuten grillen. Dabei mehrmals wenden und mit restlicher Marinade bestreichen. Spieße salzen und servieren.

GEGRILLTE LEBERKÄSE-BREZEL

Für 4 Portionen | Zubereitungszeit: 15 Min.

Käse suchen Sie hier vergeblich. Nur von der „Laib"-Form lässt sich der Name der saftigen Fleischpasteten ableiten. Hier ganz bayerisch präsentiert in der Brezel und natürlich vom Grill!

So wird's gemacht

1. Leberkäse auf dem heißen Grill ca. 5 Minuten grillen. Leberkäse dabei einmal wenden.

2. Brezel aufschneiden und mit Soße bestreichen. Mit Salatblatt und Leberkäse belegen.

Zutaten

4 Scheiben Leberkäse
4 Laugenbrezeln
50 ml Honig-Senf-Dill-Soße (z. B. von Knorr)
4 Salatblätter

JUICY RED ROASTBEEF

Für 4 Portionen | Zubereitungszeit: 50 Min.

Rrrrroastbeef, was will man(n) mehr? Auf der Insel, woher das Traditionsgericht stammt, wird es mit Bratensaft und Yorkshire-Pudding gegessen. Doch Beilagen werden ohnehin überbewertet ...

Zutaten

700 g Roastbeef
Salz
100 ml Hot-Mexican-Soße (z. B. von Knorr)

So wird's gemacht

1. Roastbeef waschen und trocken tupfen. Salzen und rundherum mit Soße bestreichen.

2. Auf dem heißen Grill von allen Seiten knusprig anrösten. Herunternehmen, locker in Alufolie wickeln und am Rand des Grills fertig garen, bis der gewünschte Garzustand erreicht ist.

3. Fleisch kurz ruhen lassen. Roastbeef in Scheiben schneiden und mit der restlichen Soße zusammen servieren.

DIE MUTTER ALLER BURGER

Für 4 Portionen | Zubereitungszeit: 30 Min. + 2 Std. Ruhezeit

Ein Burger, wie er im Buche steht: ohne Schnickschnack und Chichi, aber mit allem, was das Burger liebende Männerherz begehrt – nicht mehr und nicht weniger!

So wird's gemacht

1. Rindfleisch in eine Schüssel geben. 1 Zwiebel schälen, in feine Würfel schneiden und zum Fleisch geben. 1½ Esslöffel Ketchup, Dijonsenf, Pfeffer, Salz, Worcestersoße, Oregano und Chili zugeben und vorsichtig durchkneten. Fleisch in 4 gleich große Portionen teilen. Zu flachen, nicht zu festen Patties formen. Für mindestens 2 Stunden im Kühlschrank ziehen lassen.

2. Auf dem Grill bei hoher direkter Hitze ca. 8–10 Minuten bei geschlossenem Deckel grillen, dabei einmal wenden. 1 Minute vor Ende der Garzeit Burger auf einer Seite nach Belieben salzen, pfeffern und mit einer Käsescheibe belegen.

3. Soll Bacon mit auf den Burger, diesen auf dem Grill knusprig kross bei indirekter Hitze braten.

4. Burgerbrötchen im Backofen oder auf dem Grill kurz erwärmen. Nun den Burger nach eigenem Belieben mit Senf, Mayonnaise, Ketchup oder BBQ-Soße, Eisbergsalat, Tomatenscheiben, Gurkenscheiben, Zwiebelringen und Bacon belegen.

Zutaten

500 g Rinderhackfleisch
2 Zwiebeln
Ketchup
1 EL Dijonsenf
1 Tl grob gemahlener Pfeffer
1 TL Meersalz
1 Tl Worcestersoße
1 TL getrockneter Oregano
½ TL gemahlener Chili
4 Scheiben Schmelzkäse oder Toastkäse
4 Scheiben Bacon
4 große Brötchen mit Sesam
Senf
Mayonnaise
BBQ-Soße
1 Eisbergsalat
2 Tomaten
2 Gewürzgurken

RINDERFILET DELUXE

Für 4 Portionen | Zubereitungszeit: 20 Min.

Dieses Stück Fleisch, das auf der Zunge zergehen sollte, gönnt man sich sicherlich nicht jeden Tag. Aber wenn, dann muss alles stimmen, damit der Genuss nicht „medium" daherkommt.

Zutaten

1 kg Rinderfilet
grobes Meersalz
frisch gemahlener Pfeffer

So wird's gemacht

1. Steaks von ca. 4 Zentimeter Dicke aus dem Rinderfilet schneiden und auf Zimmertemperatur erwärmen lassen.

2. Holzkohle durchglühen lassen, Filet bei starker Hitze pro Seite ca. 3 Minuten grillen. Steaks einzeln in Alufolie wickeln und ca. 10 Minuten ruhen lassen. Nach dem Auspacken mit Salz und Pfeffer würzen.

3. Nach Belieben mit frischem Baguette, Kräuterbutter und Salat servieren.

LAMB CHOPS

Für 2 Portionen | Zubereitungszeit: 30 Min. + 6 Std. Ruhezeit

Leckere Lamb Chops schmecken mit ein paar jungen grünen Bohnen, einem gemischten Salat, Rosmarinkartoffeln oder einem krossen Baguette gleich doppelt so gut.

Zutaten

2 Knoblauchzehen
2 Stängel Rosmarin
2 Stängel Thymian
400 g Lammkarree
frisch gemahlener Pfeffer
grobes Meersalz

So wird's gemacht

1. Knoblauch schälen und fein hacken. Rosmarin und Thymian waschen, trocken schütteln, Blättchen von den Stängeln zupfen und grob hacken.

2. Lammkarree parieren und dann mit Rosmarin, Thymian, Knoblauch und Pfeffer einreiben. Mindestens 6 Stunden (besser über Nacht) einziehen lassen.

3. Lammkarree von den Kräutern befreien und auf direkter Hitze je Seite ca. 3 Minuten grillen, dann für ca. 20 Minuten bei indirekter Hitze und geschlossenem Deckel ziehen lassen. Vom Grill nehmen, mit etwas grobem Meersalz bestreuen, aufschneiden und sofort servieren.

WIENER IM TEIG

Für 4 Portionen | Zubereitungszeit: 30 Min.

Mit diesen leckeren Würstchen kommen kleine und große Männer voll auf ihre Kosten. Da kommt echtes „Lagerfeuerpfadfinderfeeling" auf!

So wird's gemacht

1. Beutelinhalt Pizzateig mit 125 Milliliter lauwarmem Wasser und 2 Esslöffeln Öl verkneten. Aus dem Teig 4–6 fingerdicke Rollen formen.

2. Je 1 Würstchen damit umwickeln und von allen Seiten mit restlichem Öl bestreichen. Würstchen ca. 10 Minuten grillen und dabei immer wieder wenden.

3. Zigeunersoße mit Konfitüre verrühren. Aprikosen fein würfeln und untermischen. Würstchen mit der fruchtig-pikanten Soße zusammen servieren.

Zutaten

1 Beutel Pizzateig (z. B. von Mondamin)
3–4 EL Pflanzenöl
4–6 Grillwürstchen
100 ml Zigeunersoße (z. B. von Knorr)
1–2 EL Aprikosenkonfitüre
50 getrocknete Aprikosen

PULLED PORK AUS DEM SMOKER

Für 8 Portionen | Zubereitungszeit: 18 Std.

Zutaten

8 kg Schweinenacken
Sonnenblumenöl
2 EL Paprikapulver
2 EL Rosmarin (gehackt)
2 EL Salz
2 EL Zwiebelgranulat
1 EL Chilipulver
1 EL Thymian
1 EL Senfpulver
2 EL Zucker
frisch gemahlener Pfeffer
500 ml Barbecuesoße
100 ml Malzbier
Burgerbrötchen nach Belieben
Weißkohl nach Belieben

„Low and slow“ – „Gut Ding will Weile haben“, heißt hier die Devise. Was bei Niedrigtemperatur lange im Smoker gart, verspricht ein Gaumenschmaus der Extraklasse zu werden, auf den es sich lohnt, zu warten.

So wird's gemacht

1. Schweinenacken mit Öl einreiben. Paprikapulver, Rosmarin, Salz, Zwiebelgranulat, Chilipulver, Thymian, Senfpulver und Zucker miteinander verrühren, das Fleisch damit einstreuen. Mit Pfeffer würzen. Marinade gut einmassieren. Fleisch für 2–3 Stunden mit Frischhaltefolie abgedeckt kühl stellen, am besten über Nacht.

2. Smoker einheizen und Fleisch darauflegen. Schweinenacken mit geschlossenem Deckel bei ca. 100–110 Grad etwa 16–18 Stunden grillen, bis eine Kerntemperatur von ungefähr 90 Grad erreicht ist, bei Bedarf Räucherchips zugeben. Fleisch vorsichtig mit Wender und Grillzange vom Smoker nehmen und ca. 30 Minuten ruhen lassen.

3. Fleisch mit einer Gabel in lose Fleischfasern zerrupfen. Barbecuesauce und Malzbier über das Fleisch geben und alles gut durchkneten. Burgerbrötchen ca. 1 Minute grillen. Pro Burger etwa 200 g Fleisch mit geraspeltem Weißkohl oder Coleslaw auf das Brötchen legen und servieren.

ERSTREBENSWERTE HÜHNERBRÜSTE

Für 4 Portionen | Zubereitungszeit: 30 Min. + 2 Std. Ruhezeit

Hier wird mal nicht gegen unschöne haarlose Oberkörper angekämpft, sondern ein Gericht auf den Grill befördert, das saftig und mehr als erstrebenswert ist!

So wird's gemacht

1. 3 Esslöffel Öl mit Honig, Sojasoße, etwas Zitronensaft und Ketchup verrühren, mit Salz und Pfeffer würzen. Hühnerbrüste in eine Schale legen, mit der Marinade begießen und für mindestens 2 Stunden im Kühlschrank ziehen lassen.

2. Champignons und Frühlingszwiebeln putzen und in mundgerechte Stücke schneiden. Restliches Öl, Salz und Grillgewürz verrühren und das Gemüse darin einlegen.

3. Grill vorheizen und das Gemüse in einer Alupfanne oder direkt auf dem Grill grillen. Hühnerbrüste jeweils ca. 5 Minuten auf beiden Seiten kräftig angrillen, in Alufolie wickeln und bei indirekter Hitze noch ca. 10–15 Minuten ziehen lassen.

Zutaten

5 Esslöffel Öl
4 TL Honig
4 EL Sojasoße
Zitronensaft
2 EL Ketchup
Salz
frisch gemahlener Pfeffer
4 Hühnerbrüste
400 g Champignons
2 Bund Frühlingszwiebeln
1 TL Grillgewürz

CHICKEN WINGS
PURE AND SIMPLE

Für 2 Portionen | Zubereitungszeit: 40 Min.

Aufgrund des Honigs können die Hühnerflügel bei zu viel Hitze schnell schwarz werden! Also runter mit der Hitze oder die Hühnerflügel in den indirekten Bereich legen.

Zutaten

120 ml Balsamico
120 ml Honig
120 ml Sambal Oelek
1 kg Hühnerflügel

So wird's gemacht

1. Balsamico, Honig und Sambal Oelek gut durchmischen. Hühnerflügel waschen.

2. Grill auf niedrige, direkte Hitze vorbereiten. Ein kleiner indirekter Bereich ist eventuell auch nötig.

3. Hühnerflügel auf den Grill legen und mit der Soße einpinseln. Alle ca. 5 Minuten wenden und wieder mit der Soße einpinseln. Nach ca. 30 Minuten sind die Chicken Wings fertig.

BIERDOSEN-HÄHNCHEN
VOM GRILL

*Für 2 Portionen | Zubereitungszeit: 80 Min.
+ 24 Std. Ruhezeit*

Bier und Fleisch, besser geht's nicht. Durch die Lake und das verdampfende Bier wird das Hähnchen so richtig schön zart und saftig.

So wird's gemacht

1. Zitrone auspressen. Knoblauch schälen. Zwiebel schälen und in Stücke schneiden. 3 Esslöffel Salz, 3 Esslöffel Zucker, Lorbeerblätter, Knoblauchzehen, Zwiebel, 1 Teelöffel Thymian, Oregano, Honig, Sojasoße, Pfeffer, Zitronensaft und Orangensaft mischen und das Hähnchen 24 Stunden darin einlegen.

2. Für die Trockenmarinade Pfefferkörner im Mörser zerstoßen. Mit Selleriesalz, Cayennepfeffer, restlichem Thymian, Majoran, Paprikapulver, Senfpulver, restlichem Salz und restlichem Zucker mischen.

3. Hähnchen abtupfen und mit der Trockenmarinade einreiben. Das Hähnchen auf eine Bierdose oder ein anderes passendes Gefäß, das zu 2/3 mit Bier gefüllt ist, setzen. Im geschlossenen Grill ca. 50–60 Minuten garen. Wer sicher gehen will, dass sich durch das Erhitzen keine schädlichen Substanzen aus der Bierdose lösen, kann eine Edelstahldose oder einen Hähnchenbräter aus Edelstahl verwenden.

Zutaten

1 Zitrone
3 Knoblauchzehen
1 Zwiebel, 3½ EL Salz
4 EL brauner Zucker
3 Lorbeerblätter
2 TL getrockneter Thymian
2 EL getrockneter Oregano
1 EL Honig
3 EL Sojasoße
2 EL weißer Pfeffer
1 l Orangensaft
1 Hähnchen
1 TL Pfefferkörner
1 TL Selleriesalz
1 TL Cayennepfeffer
1 TL getrockneter Majoran
2 TL Paprikapulver
1 EL Senfpulver
1 Dose Bier

HÜHNERBEINE WIE KEINE

Für 4 Portionen | Zubereitungszeit: 30 Min. + 12 Std. Ruhezeit

„Drumsticks" heißen die leckeren Beinchen beim American Barbecue, aber eine Ähnlichkeit mit den Schlagzeugwerkzeugen haben sie erst, wenn sie komplett abgenagt sind.

So wird's gemacht

1. Zwiebel schälen und fein hacken. In einer Pfanne mit Öl bei leichter Hitze glasig werden lassen. Mit Ahornsirup, Chilisoße, Balsamico, Essig und Worcestersoße ablöschen.

2. Warme Marinade über die Hähnchenbeine geben und diese mindestens 6 Stunden (noch besser über Nacht) im Kühlschrank marinieren lassen.

3. Vor dem Grillen die Marinade grob von den Hühnerbeinen entfernen. Bei mittlerer Hitze indirekt ca. 20 Minuten grillen, bis sie gar sind und die Haut knusprig ist.

4. Bevor die Hühnerbeine vom Grill genommen werden, diese mit der restlichen Marinade bestreichen und über der direkten Hitze noch einmal kurz glasieren.

Zutaten

1 Zwiebel
1 TL Öl
100 ml Ahornsirup
50 ml Chilisoße
25 ml weißer Balsamico
25 ml Apfelessig
1 TL Worcestersoße
8 Hühnerbeine

FISCH

LACHS & LEMON

Für 4 Portionen | Zubereitungszeit: 30 Min.

So einfach, so gut! Fisch und Zitrone passen fantastisch zusammen, sie sind gemeinsam ein unschlagbares Team und gehören auf jede Grillfeier.

Zutaten

2 unbehandelte Zitronen
4 Lachsfilets (frisch oder TK-Ware)
Salz
2 Stängel Rosmarin

So wird's gemacht

1. 1 Zitrone auspressen. Saft über die Lachsfilets gießen, salzen und kurz stehen lassen.

2. Zitrone in Scheiben schneiden. Rosmarin waschen und trocken schütteln. Lachs auf den Grill geben und von beiden Seiten scharf anbraten.

3. Auf die bereits gegrillte Seite der Filets jeweils eine Scheibe Zitrone und etwas Rosmarin legen.

KRÄUTERDORADE WIRKLICH NICHT FADE

Für 4 Portionen | Zubereitungszeit: 45 Min.

Gemüsepäckchen passen ganz hervorragend zur Kräuterdorade vom Grill – und ein kühles Glas Weißwein dazu ist sicher auch nicht zu verachten!

So wird's gemacht

1. 4 Stängel Petersilie, 1 Stängel Thymian und 1 Stängel Rosmarin waschen, trocken schütteln, die Blättchen abzupfen und fein hacken. Oliven fein hacken. Zwiebel und Knoblauch schälen und ebenfalls fein hacken.

2. Butter schaumig rühren und mit gehackten Kräutern, Oliven, Zwiebeln, Knoblauch, Salz und Pfeffer verrühren. Zitrone in dünne Scheiben schneiden.

3. Aus den restlichen Kräutern 4 gemischte Kräutersträuße zusammenstellen. Die Doraden waschen, mit Küchenkrepp trocken tupfen und den Kräutern füllen.

4. Doraden auf je 1 Stück Alufolie legen, mit Kräuter-Oliven-Butter bestreichen und Zitronenscheiben darauf verteilen. Doraden in die Folie einschlagen. Die Alupäckchen auf den heißen Grill legen und ca. 20 Minuten grillen. Nach 10 Minuten die Päckchen vorsichtig wenden.

Zutaten

1 Bund glatte Petersilie
5 Stängel Thymian
5 Stängel Rosmarin
40 g grüne Oliven
1 Zwiebel
2 Knoblauchzehen
100 g Butter (z. B. von Du darfst)
Salz
frisch gemahlener Pfeffer
1 Zitrone
4 küchenfertige Doraden (à 250 g)

APHRODISIERENDE JAKOBSMUSCHELN

Für 3 Portionen | Zubereitungszeit: 1 Std.

Für einen Grillabend mit der Liebsten ist dieses Gericht sicher die richtige Wahl. Denn man weiß ja nie, was der Abend noch so bringt ...

Zutaten

700 g Jakobsmuscheln (küchenfertig)
1 EL Olivenöl
1 EL Zitronensaft
Salz
frisch gemahlener Pfeffer
2 unbehandelte Zitronen

So wird's gemacht

1. Muscheln unter kaltem Wasser abspülen und trocken tupfen. Öl und Zitronensaft verrühren und Muscheln darin wenden.

2. Muscheln auf dem heißen Grill unter Wenden ca. 3–4 Minuten grillen. Mit Salz und Pfeffer würzen.

3. Zitronen heiß abwaschen, trocken tupfen und in Viertel schneiden. Mit den Jakobsmuscheln zusammen servieren.

AUFGESPIESSTER FISCH

Für 4 Portionen | Zubereitungszeit: 25 Min. + 20 Min. Ruhezeit

Fischspieße sind die perfekte Vorspeise! Mit einem leckeren Dip wie beispielsweise Sour Cream bereiten Sie den Gaumen auf einen weniger leichten Hauptgang vor.

Zutaten

300 g Kabeljau
300 g Lachs
1 rote Paprikaschote
1 gelbe Paprikaschote
1 Zwiebel
1 Stängel Rosmarin
2 Stängel Dill
1 Stängel glatte Petersilie
1 Knoblauchzehe
½ TL Chiliflocken
1 unbehandelte Zitrone
4 EL Olivenöl
Salz

So wird's gemacht

1. Kabeljau und Lachs waschen, trocken tupfen und in mundgerechte Würfel schneiden. Paprika waschen, putzen und in Stücke schneiden. Zwiebel schälen, achteln und die einzelnen Schichten trennen.

2. Kräuter waschen, trocken schütteln, die Blättchen abzupfen und fein hacken. Knoblauch abziehen und ebenfalls fein hacken. Chiliflocken in einem Mörser zermahlen. Zitronen halbieren, leicht auspressen und den Saft mit den Kräutern, Chiliflocken, Knoblauch und Öl verrühren. Mit Salz würzen.

3. Fischwürfel mit Zwiebeln und Paprika abwechselnd auf Schaschlikspieße stecken, mit der Marinade bestreichen und ca. 20 Minuten ziehen lassen.

4. Spieße auf den heißen Grill legen. Unter gelegentlichem Wenden ca. 10 Minuten grillen lassen. Dabei immer wieder mit der Marinade bestreichen.

GEFÜLLTE FORELLE AUS DER ZANGE

Für 4 Portionen | Zubereitungszeit: 45 Min.

Will man einen ganzen Fisch auf den Grill legen, sind Fischzangen bzw. Fischbräter unentbehrlich! Sie werden sehen, die Anschaffung lohnt sich.

So wird's gemacht

1. Zitrone halbieren. Eine Hälfte zum Servieren in Scheiben schneiden und die andere Hälfte auspressen. Dill waschen, trocken schütteln, Fähnchen von den Stielen zupfen und grob hacken. Zitronensaft, Dill und 50 Gramm Margarine mit den Quirlen des Handrührers cremig rühren und kräftig mit Salz und Pfeffer abschmecken.

2. Toast in kleine Würfel schneiden. Restliche Margarine in einer Pfanne erhitzen und die Toastbrotwürfel darin bei kleiner Hitze goldbraun braten. Toastbrotwürfel auskühlen lassen.

3. Forellen kalt abwaschen und abtupfen. Krabben und Toastbrotwürfel unter die Margarine-Creme heben und auf die Innenseiten der Forellen verteilen. Jeweils eine Forelle in einem Fischbräter für den Grill klemmen und ca. 15 Minuten grillen, dabei einmal wenden. Forelle mit je 1 Zitronenscheibe dekoriert servieren.

Zutaten

1 unbehandelte Zitrone
1 großer Bund Dill
60 g Margarine
(z. B. Rama)
Salz
frisch gemahlener Pfeffer
2 Scheiben Toastbrot
4 Forellen (küchenfertig)
50 g Nordseekrabben

SHRIMPS
IN SOJA-KNOBLAUCH-MARINADE

Für 4 Portionen | Zubereitungszeit: 30 Min. + 2 Std. Ruhezeit

Ob Garnelen oder Shrimps – wichtig ist, dass Sie die köstlichen Dinger aufspießen, damit sie nicht durch den Grillrost flutschen. Wäre ja schade drum!

Zutaten

1 Knoblauchzehe
½ Peperoni
3 EL Olivenöl
1 ½ EL Zitronensaft
frisch gemahlener Pfeffer
Salz
12 Riesengarnelen mit Schwanzflosse (frisch oder TK-Ware)

So wird's gemacht

1. Knoblauch schälen, Peperoni entkernen und waschen. Knoblauch und Peperoni klein schneiden und in Öl andünsten.

2. Öl durch ein Sieb in eine Schüssel schütten und mit Zitronensaft, Pfeffer und Salz würzen.

3. Garnelen putzen, waschen und trocken tupfen. Jeweils 3 Garnelen auf einen Holzspieß stecken und in eine flache Auflaufform legen. Öl-Zitronen-Marinade auf den Spießen verteilen und mindestens 2 Stunden kalt stellen. Nach ca.1 Stunde die Spießchen umdrehen, damit die Garnelen von allen Seiten mariniert werden.

4. Spieße auf jeder Seite ca. 3 Minuten grillen.

GEGRILLTER WOLFSBARSCH
MIT KRÄUTERBUTTER

Für 4 Portionen | Zubereitungszeit: 40 Min.

Die Kräuterbutter macht es sich am liebsten auf einem knusprigen Baguette oder Ciabatta bequem. Der Wolfsbarsch kuschelt gerne mit ein wenig grünem Salat.

So wird's gemacht

1. Knoblauch schälen und zerdrücken. Kräuter waschen, trocken schütteln, hacken und mit dem Knoblauch unter die Butter rühren. Mit Limettensaft, Salz und Pfeffer abschmecken.

2. Wolfsbarsche waschen und trocken tupfen. Limette waschen und in dünne halbe Scheiben schneiden. Fische von außen mit Öl einstreichen. Von innen mit Salz und Pfeffer würzen und mit Kräuterbutter sowie Limetten füllen. Fische zusammenklappen und in je ein Grillgitter klemmen.

3. Auf dem heißen Grill unter Wenden ca. 20–30 Minuten grillen.

Zutaten

1 Knoblauchzehe
½ Bund gemischte Kräuter
100 g weiche Butter
Limettensaft
Salz
frisch gemahlener Pfeffer
4 Wolfsbarsche (à 400 g, küchenfertig)
1–2 unbehandelte Limetten
2 EL Rapsöl

BURGER MIT MEER

Für 4 Portionen | Zubereitungszeit: 40 Min.

Fischburger? Na klaro und ahoi! Was dem Matrosen lieb ist, soll Ihnen nur billig sein. Auch wenn für diesen Burger bester Lachs verwendet wird.

Zutaten

1 kg Lachsfilet
6 EL Mehl
Salz
frisch gemahlener Pfeffer
Knoblauchgranulat
4 Brötchen mit Sesam
Mangold
Remouladensoße

So wird's gemacht

1. Lachsfilets von der Haut befreien und so fein wie möglich mit dem Messer hacken. Den gehackten Fisch in eine Schüssel geben und zusammen mit 3 Esslöffeln Mehl, Salz, Pfeffer und Knoblauchgranulat vermengen, bis eine klebrige Masse entsteht. Aus dieser Masse 4 Patties formen und in etwas Mehl wälzen.

2. Brötchen aufschneiden, die untere Hälfte mit Mangold belegen und etwas von der Remoulade auf die obere Hälfte geben.

3. Patties auf den heißen Grill legen. Burger wenden, sobald sie sich mit einem Grillwender ohne Probleme vom Rost lösen lassen. Wenn sich die zweite Seite lösen lässt, sind die Patties fertig.

4. Burger auf die untere Brötchenhälfte mit dem Mangold geben. Mit Salz und Pfeffer würzen.

STATT AUS DER DOSE

THUNFISCH VOM GRILL

Für 4 Portionen | Zubereitungszeit: 60 Min.

Und ist der Thunfisch erst mal vom Grill gehüpft, freut er sich über eine leckere Aioli und frisches Gemüse als Beilage.

So wird's gemacht

1. Zitronen auspressen. Knoblauchzehen schälen und fein hacken. Eier trennen.

2. Knoblauch mit Zitronensaft verrühren und mit dem Schneebesen unter kräftigem Rühren unter das Eigelb schlagen, bis die Masse schaumig und dickflüssig ist. Unter weiterem Rühren in dünnem Strahl so viel Öl zugießen, dass es sich gleichmäßig mit der Masse verbindet. Alles schließlich zu einer dicken Creme verrühren und mit Salz und Pfeffer abschmecken.

3. Fischsteaks abtupfen und mit Salz und Pfeffer würzen. Mit etwas Öl einpinseln und auf dem heißen Grill von jeder Seite ca. 5 Minuten grillen, sodass sie innen noch ein bisschen roh sind. Thunfischsteaks mit Aioli zusammen servieren.

Zutaten

2 Zitronen
4 Knoblauchzehen
2 Eier
Olivenöl
Salz
frisch gemahlener Pfeffer
4 Thunfischsteaks
(à 200 g)

GEGRILLTE CALAMARI

Für 4 Portionen | Zubereitungszeit: 15 Min.

Sehr lecker zu den gegrillten Calamari schmeckt ein frisches Baguette. Aber auch Kartoffelsalat, ein wenig mediterran angehaucht, passt gut dazu.

Zutaten

550 g Calamari
1 Zitrone
3 Stängel Petersilie
2 Knoblauchzehen
4 EL Olivenöl
Salz
frisch gemahlener Pfeffer

So wird's gemacht

1. Calamari waschen, mit einem Küchenkrepp trocken tupfen und im Abstand von ca. 1 Zentimeter einschneiden.

2. Zitrone halbieren und auspressen. Petersilie waschen, trocken schütteln, Blättchen abzupfen und klein schneiden. Knoblauch schälen und klein schneiden. Öl, Zitronensaft, Petersilie und Knoblauch in einer Schüssel mischen und mit Salz und Pfeffer abschmecken.

3. Calamari auf dem heißen Grill von beiden Seiten ungefähr ca. 4–5 Minuten grillen. Calamari auf Tellern anrichten und die Olivenöl-Zitronen-Salsa darübergeben.

MAKRELE VOM GRILL

Für 2 Portionen | Zubereitungszeit: 30 Min.

Angelrute auswerfen und dann direkt eine Makrele auf den Grill legen? Ob an der Meeresküste oder daheim im häuslichen Garten: Dieser Fisch schmeckt immer und überall!

So wird's gemacht

1. Pilze putzen, Zucchini und Lauchzwiebeln waschen und in kleine Würfel schneiden. Tomaten klein schneiden. Knoblauch schälen und klein schneiden. Rosmarin und Thymian waschen und trocken schütteln.

2. Makrelen von innen salzen und pfeffern. Mit Gemüse und Kräutern füllen. Mit Spießen verschließen. Die Haut vom Fisch mehrmals schräg einschneiden. Das sieht schön aus und die Hitze kann sich so leichter verteilen.

3. Grillrost großzügig einölen. Fische auf den Rost oder in die Fischzange legen, diese zusammenklappen und auf den heißen Grillrost direkt über die Hitze legen. Auf jeder Seite ca. 10–15 Minuten grillen, bis die Haut dunkel und knusprig ist.

Zutaten

100 g Champignons
1 Zucchini
3 Lauchzwiebeln
6 getrocknete Tomaten
1 Knoblauchzehe
2 Stängel Rosmarin
2 Stängel Thymian
2 Makrelen (à 300 g, küchenfertig)
Salz
frisch gemahlener Pfeffer
Öl zum Bestreichen

LACHS IM PAKET

Für 2 Portionen | Zubereitungszeit: 60 Min.

Lachs ist nicht umsonst einer der beliebtesten Speisefische überhaupt. Deswegen sind wir uns sicher, dass auch Sie dieses Päckchen gerne auspacken.

So wird's gemacht

1. Lachsfilets salzen und pfeffern. Limetten in Scheiben schneiden. Knoblauch schälen und in Scheiben schneiden. Möhren und Kartoffeln schälen und in Scheiben schneiden. Basilikum und Thymian waschen und trocken schütteln.

2. Kartoffeln und Möhren auf zwei Stück Backpapier verteilen. Lachs in der Mitte platzieren. Mit Limetten, Knoblauch, Basilikum und Thymian belegen.

3. Das Backpapier einschlagen und zu einem Päckchen verschließen. Lachspäckchen auf dem heißen Grill ca. 20 Minuten grillen. Nach der Hälfte der Zeit einmal vorsichtig wenden.

Zutaten

2 Lachsfilets (à 200 g) oder Filets einer Lachsforelle
Salz
frisch gemahlener Pfeffer
2 unbehandelte Limetten
4 Knoblauchzehen
2 Möhren
4 Kartoffeln
½ Bund Basilikum
2 Stängel Thymian

ALOHA!
FISCH IM BANANENBLATT

Für 4 Portionen | Zubereitungszeit: 1 Std.

„Wo soll ich bitte Bananenblätter herkriegen?“, werden Sie jetzt denken. Schauen Sie doch mal in Asialäden, in Lebensmittelabteilungen von großen Kaufhäusern oder im Internet!

Zutaten

800 g Victoriabarsch
150 ml Kokosmilch
1 Lauchzwiebel
1 Stück Ingwer
½ Bund Koriander
½ TL Curry
Salz
frisch gemahlener Pfeffer
250 g Tomatenstücke (aus der Dose)
4 Bananenblätter (oder Alufolie)

So wird's gemacht

1. Fisch abspülen, trocken tupfen und in vier Stücke schneiden. Mit der Kokosmilch bestreichen und ca. 10 Minuten marinieren.

2. Lauchzwiebel putzen, Ingwer schälen, Koriander waschen, trocken schütteln und Blättchen abzupfen. Lauchzwiebel, Ingwer und Koriander fein hacken. Zusammen mit Curry, Salz und Pfeffer zu den Tomatenstücken geben.

3. Jeweils ein Stück Fisch auf ein Bananenblatt setzen, die restliche Kokosmilch und 2–3 Esslöffel Tomatensoße daraufgeben.

4. Bananenblatt zu einem Päckchen verschließen, wenn nötig, mit einem Holzspieß fixieren. Die Päckchen auf dem Grill ca. 10–15 Minuten garen. Vor dem Servieren die Fisch-Päckchen öffnen.

RIESENGARNELE MIT LIMETTENMARINADE

Für 3 Portionen | Zubereitungszeit: 1 Std.

Sherry als Bestandteil von Marinaden ist ein gutes Mittel, um selbst die widerspenstigste Schwiegermutter zum schnurrenden Kätzchen zu machen, das sich seine Riesengarnele friedlich schmecken lässt.

So wird's gemacht

1. Von 2 Limetten die Schale abreiben und auspressen. Restliche Limetten in Spalten schneiden. Die Beinchen der Garnelen entfernen, den Panzer am Rücken längs einschneiden und den Darm entfernen. Garnelen mit kaltem Wasser abspülen, mit Küchenkrepp trocken tupfen und in eine Schale legen.

2. Knoblauch schälen und fein hacken. Petersilie waschen, trocken schütteln, Blättchen abzupfen und fein hacken. Öl, Knoblauch, Limettenabrieb, Limettensaft und Sherry mischen und über die Garnelen geben. Garnelen ca. 30 Minuten marinieren.

3. Garnelen auf den heißen Grill legen, mit der Marinade bestreichen und von beiden Seiten grillen, bis sie rosa sind. Garnelen auf Tellern anrichten und mit Salz und Pfeffer würzen. Mit Petersilie bestreuen und mit Limettenspalten garniert servieren.

Zutaten

4 unbehandelte Limetten
12 rohe Riesengarnelen
2 Knoblauchzehen
4 Stängel glatte Petersilie
3 EL Olivenöl
1 Schuss trockener Sherry
Salz
frisch gemahlener Pfeffer

GEMÜSE UND SALATE

PAPRIKA MIT FÜLLUNG

RICHTIG EINGEHEIZT!

Für 4 Portionen | Zubereitungszeit: 30 Min.

„Gemüse? Da bekomm' ich ja gleich wieder Hunger!" Aber mitnichten! Mit dieser gefüllten Paprika als Beilage kommen selbst Gemüseverächter auf ihre Kosten.

Zutaten

1 rote Zwiebel
½ Bund Frühlingszwiebeln
5 EL Olivenöl
4 Kirschpaprika (aus dem Glas)
200 g Couscous
150 ml heiße Gemüsebrühe
frisch gemahlener Pfeffer
Salz
1 Prise Paprikapulver
4 Paprikaschoten
200 g Mozzarella
150 g Ricotta
1 EL getrockneter Thymian
2 EL getrockneter Oregano
4 Knoblauchzehen

So wird's gemacht

1. Zwiebel und Frühlingszwiebeln putzen und in Ringe schneiden. In 2 Esslöffeln Öl glasig dünsten. Kirschpaprika über einem Sieb abgießen, abtropfen lassen und in Streifen schneiden. Couscous, mit Brühe begießen, 15–20 Minuten quellen lassen und mit Kirschpaprika und Zwiebeln mischen. Mit Pfeffer, Salz und Paprikapulver abschmecken. Frische Paprika längs halbieren, putzen, waschen und trocken tupfen. Paprikahälften mit 2 Esslöffeln Öl bepinseln. Couscous-Gemüse-Mischung in die Paprikahälften füllen. Mozzarella abtropfen lassen, in Stücke schneiden und ebenfalls in die Paprikahälften füllen. Ricotta darüberbröseln. Thymian und Oregano darüber streuen.

2. Knoblauch schälen, fein hacken, mit restlichem Öl mischen, salzen und pfeffern. Hälfte der Ölmischung über die gefüllten Paprika geben.

3. Auf dem vorgeheizten Grill je nach Größe ca. 6–8 Minuten grillen. Übriges Knoblauchöl darübergeben und weitere ca. 6–8 Minuten grillen.

GEGRILLTER MAIS

Für 4 Portionen | Zubereitungszeit: 20 Min.

Ein buttriger Maiskolben darf bei keinem amerikanischen Barbecue fehlen! Stecken Sie nach dem Grillen kleine Holzstäbe in die beiden Enden, dann lässt er sich besser essen.

Zutaten

4 Maiskolben
1 Bund Petersilie
1 Bund Dill
Salz
frisch gemahlener Pfeffer
100 g Butter

So wird's gemacht

1. Maiskolben kurz abspülen und sehr gut trocken tupfen. Petersilie und Dill waschen, trocken schütteln und fein hacken. Maiskolben von allen Seiten mit Salz und Pfeffer würzen und mit Butter bestreichen.

2. 4 große Stücke Alufolie ebenfalls mit etwas Butter bestreichen. Je einen Maiskolben auf ein Stück Alufolie legen, mit Petersilie und Dill bestreuen und die Folie schließen. Ca. 10 Minuten in der Glut garen lassen.

3. Maiskolben noch einmal mit Butter bestreichen und nach Belieben auf den Rost legen, sodass die Maiskolben etwas braun werden.

GEMÜSE-PAKETE
VOM GRILL

Für 4 Portionen | Zubereitungszeit: 30 Min.

Gegrilltes Gemüse – why not? Als Beilage allemal der Hammer und auch die vegetarische Freundin dürfte damit mehr als zufrieden sein.

So wird's gemacht

1. Gemüse putzen. Zwiebeln und Tomaten in Spalten, Zucchini in halbierte Scheiben und Paprika in Stücke schneiden. Gemüse nach Belieben salzen und mit der Chilisoße vermengen.

2. Alufolie zu 4 offenen Schälchen falten. Mit Öl auspinseln. Gemüse auf die Schälchen verteilen.

3. Gemüse-Pakete ca. 10–15 Minuten am Rand des heißen Grills erhitzen, bis das Gemüse bissfest gegart ist.

Zutaten

1 kg Gemüse (z. B. Zwiebeln, Tomaten, Zucchini, Paprika)
Salz
8 EL Chilisoße (z. B. von Knorr)
2 EL Öl (z. B. von Mazola)

ULTIMATIVE KARTOFFEL MIT SAUERKRAUT

Für 4 Portionen | Zubereitungszeit: 1 Std. und 25 Min.

Es geht nichts über eine heiße Ofenkartoffel! Eigentlich die Mutter aller Fleischbeilagen – hier wird sie durch Kasseler und Sauerkraut fast selber zum Hauptgericht!

Zutaten

4 große Kartoffeln
Salz
1 Dose Sauerkraut
3 EL Pflanzencreme (z. B. von Rama)
1–2 EL Zucker
250 g Cremefine zum Kochen Knoblauch mit Zitronenthymian (z. B. von Rama)
frisch gemahlener Pfeffer
200 g Kasseler Lachsfleisch
100 g geriebener Bergkäse

So wird's gemacht

1. Kartoffeln waschen, Schale abbürsten und in reichlich kochendem Salzwasser ca. 30 Minuten vorgaren. Sauerkraut ausdrücken, dabei den Saft auffangen.

2. Pflanzencreme in einem Topf erhitzen, Sauerkraut zugeben, mit Zucker bestreuen und ca. 5 Minuten bei großer Hitze anschmoren. Sauerkrautsaft zugießen und weitere ca. 10 Minuten bei mittlerer Hitze schmoren. Cremefine unterrühren, mit Salz und Pfeffer abschmecken.

3. Kartoffeln halbieren, mit einem Teelöffel leicht aushöhlen. Die ausgehöhlte Kartoffelmasse mit einer Gabel zerdrücken und zum Sauerkraut geben.

4. Zuerst das Sauerkraut auf den Kartoffeln verteilen, dann den Kasseler in Streifen schneiden und darübergeben. Mit Bergkäse gleichmäßig bestreuen und in einer Aluschale ca. 20 Minuten auf dem heißen Grill garen.

PUMPKIN SLICES
GEGRILLTER KÜRBIS

Für 2 Portionen | Zubereitungszeit: 45 Min.

Das Herbst- und Wintergrillen wird durch diese „amerikanische“ Beilage absolut bereichert. Optisch sind die orangenen Riesen sowieso der Knaller!

Zutaten

2 Knoblauchzehen
4 EL Olivenöl
2 EL Balsamico
50 g Pinienkerne
1 EL Honig
Salz
frisch gemahlener Pfeffer
1 Hokkaido

So wird's gemacht

1. Knoblauch schälen und fein schneiden. Mit Öl, Balsamico, Pinienkernen und Honig mischen und mit Salz und Pfeffer abschmecken.

2. Hokkaido halbieren, Kerne herausschaben und dann in ca. 4 Zentimeter breite Spalten schneiden.

3. Kürbis in eine Aluschale legen und mit der Marinade bestreichen. Auf dem Grill ca. 20–30 Minuten garen. Dabei die Spalten wenden und immer wieder mit Marinade bestreichen.

GEFÜLLTE ZWIEBELN

Für 4 Portionen | Zubereitungszeit: 1 Std.

Männer weinen – nur beim Zwiebeln schneiden … Hier müssen Sie nicht viel schneiden, die Zwiebel bleibt von außen ganz! Passt durch die Reisfüllung super zu gegrilltem Fisch!

Zutaten

100 g Langkorn- und Wildreis
Salz
4 große Gemüsezwiebeln
2 Knoblauchzehen
½ Bund Dill
1 Bund Petersilie
2 EL Pflanzencreme (z. B. von Rama)
200 g Cremefine zum Kochen 15 % (z. B. von Rama)
frisch gemahlener Pfeffer

So wird's gemacht

1. Reis nach Packungsanleitung in gesalzenem Wasser garen. Zwiebeln schälen, oben einen Deckel abschneiden und das Innere mit einem Löffel oder einem scharfen Messer aushöhlen, dabei einen ca. 1 Zentimeter dicken Rand stehen lassen. Knoblauchzehen schälen und zusammen mit dem Inneren der Zwiebel fein hacken. Dill und Petersilie waschen, trocken schütteln, Fähnchen und Blätter von den Stängeln zupfen und grob hacken.

2. Pflanzencreme in einer Pfanne erhitzen und Zwiebelmischung ca. 5 Minuten anbraten. Reis abtropfen lassen, zugeben und alles zusammen weitere ca. 5 Minuten braten. Cremefine und Kräuter unterrühren. Mit Salz und Pfeffer kräftig abschmecken.

3. Reismischung in die Zwiebeln geben und jede Zwiebel in ein Stück Alufolie wickeln. Die Zwiebeln für ca. 30 Minuten auf den Grill legen, dabei mehrmals wenden.

FOR THE LADIES
MOZZARELLA-TOMATEN-SALAT MIT GEGRILLTEM PFIRSICH

Für 4 Portionen | Zubereitungszeit: 20 Min.

Ach ja, auch das schöne Geschlecht möchte von den Ergebnissen der Grill-Session beeindruckt werden. Also ran an den Mozzarella, vielleicht schmeckt es Ihnen ja auch!

So wird's gemacht

1. Pfirsiche waschen, trocken tupfen, halbieren, vom Kern befreien und in Scheiben schneiden. Basilikum waschen, trocken schütteln und Blättchen abzupfen.

2. Tomaten und Mozzarella in ca. 1 Zentimeter dicke Scheiben schneiden. Diese auf einen flachen Teller nebeneinander verteilen und mit Öl und Essig begießen. Mit Salz und Pfeffer würzen und ca. 10 Minuten ziehen lassen.

3. Pfirsichscheiben so lange auf den Grill legen, bis sie leicht gebräunt sind. Tomate, Mozzarella und Pfirsich zusammen anrichten und mit Basilikum garnieren.

Zutaten

3 Pfirsiche
1 Bund Basilikum
4 Tomaten
250 g Mozzarella
Olivenöl
Balsamico
Salz
frisch gemahlener Pfeffer

CAESAR SALAD CLASSIC

Für 4 Portionen | Zubereitungszeit: 30 Min.

Zutaten

250 g Baguette
2 Knoblauchzehen
4 EL Pflanzencreme (z. B. von Rama)
1 TL Senf
250 g Cremefine zum Kochen 15 % (z. B. von Rama)
Salz
frisch gemahlener Pfeffer
Zitronensaft
400 g Hähnchenbrustfilet
Paprikapulver
300 g Römersalatherzen
125 g Champignons
50 g Parmesan

Wenn Sie Salat bis jetzt als „Grünfutter" bezeichnet haben, so werden Sie sich nach dem Genuss dieses Salat-Klassikers sicher nicht mehr so weit aus dem Fenster lehnen!

So wird's gemacht

1. Backofen auf 220 °C (Umluft: 200 °C) vorheizen. Baguette der Länge nach halbieren. Knoblauch schälen und fein pressen. Die Hälfte des Knoblauchs mit 2 Esslöffeln Pflanzencreme mischen. Auf die Baguettehälften streichen und diese im vorgeheizten Backofen ca. 8–10 Minuten rösten. Nach Belieben salzen und in größere Croûtons schneiden.

2. Restlichen Knoblauch mit Senf und Cremefine mischen. Mit Salz, Pfeffer und etwas Zitronensaft abschmecken. Hähnchenbrustfilet waschen, trocken tupfen und waagerecht halbieren. Mit Paprika würzen. Restliche Pflanzencreme in einer großen Pfanne erhitzen, Hähnchenstücke von beiden Seiten knusprig gar braten und salzen.

3. Salat waschen, putzen und in mundgerechte Stücke zerpflücken. Champignons putzen und in Viertel oder Scheiben schneiden. Parmesan mit dem Sparschäler in grobe Späne hobeln. Gebratene Hähnchenbrust in dickere Streifen schneiden und mit dem Caesar Salad anrichten.

ITALIENISCHER NUDELSALAT
MIT PANCETTA

Für 2 Portionen | Zubereitungszeit: 25 Min.

Pancetta ist einfach italienischer Schinken, aber es klingt halt besser. Wichtig ist, dass mit diesem Nudelsalat mediterranes Feeling aufkommt – auch wenn Sie ganz normalen Schinken verwenden.

So wird's gemacht

1. Nudeln im kochenden Salzwasser nach Packungsangabe kochen.

2. Paprika putzen und in Stücke schneiden. Tomaten waschen und halbieren. Pinienkerne ohne Fettzugabe in einer Pfanne goldgelb rösten. Pancetta in breite Streifen schneiden und kross braten. Parmesan hobeln.

3. Salatkräuter mit 3 Esslöffeln Wasser und Öl in einer Schüssel verrühren. Die noch heißen, abgetropften Nudeln zufügen, gut untermischen und etwas abkühlen lassen.

4. Paprika, Tomaten und Pinienkerne zufügen, untermischen und nach Belieben mit Salz und Pfeffer abschmecken. Nudelsalat mit Pancetta und Parmesanhobel bestreut servieren.

Zutaten

150 g Penne
Salz
1 gelbe Paprikaschote
125 g Cocktailtomaten
25 g Pinienkerne
60 g Pancetta
30 g Parmesan
1 Beutel Salatkräuter Italienische Art (z. B. von Knorr)
3 EL Olivenöl
frisch gemahlener Pfeffer

KARTOFFELSALAT MIT BACON & MAYO

Für 4 Portionen | Zubereitungszeit: 35 Min.

Nein, wir wollen natürlich nicht, dass Sie schon mit den Beilagen satt und glücklich werden, aber einen Versuch ist es wert!

Zutaten

600 g Kartoffeln
Salz
125 g Bacon
6 Aprikosen
3 Stängel Basilikum
6 EL Mayonnaise
(z. B. von Knorr)
75 ml Milch

So wird's gemacht

1. Kartoffeln waschen, je nach Größe halbieren oder vierteln und mit Schale in stärker gesalzenem Wasser gar kochen. Abgießen und abkühlen lassen.

2. Bacon ohne Fett in einer beschichteten Pfanne knusprig braten oder bei 200 °C (Umluft: 180 °C) im vorgeheizten Backofen auf einem mit Backpapier belegten Backblech ca. 10–15 Minuten knusprig backen. Abkühlen lassen und grob zerbröseln.

3. Aprikosen waschen, entkernen und in Spalten schneiden. Basilikum waschen, trocken schütteln, Blättchen abzupfen und in feine Streifen schneiden.

4. Mayonnaise und Milch mit dem Schneebesen glatt rühren und mit den Kartoffeln vermengen. Aprikosen, Basilikum und Bacon zugeben und alles vermischen.

COLESLAW AMERICAN STYLE

Für 8 Portionen | Zubereitungszeit: 30 Min.

Im angloamerikanischen Raum werden Sie kaum ein saftig gegrilltes Fleischstück finden, das ohne diesen köstlichen Krautsalat – nur echt mit Mayo! – im Magen verschwindet.

Zutaten

1 kg Weißkohl
2 Möhren
½ TL Kümmel
100 ml Essig
2 EL Mehl
3 EL brauner Zucker
1 TL Senfkörner
50 g Butter
200 g Sahne, 2 Eier
250 ml Mayonnaise
200 g saure Sahne
Salz
frisch gemahlener Pfeffer

So wird's gemacht

1. Weißkohl raspeln. Möhren putzen und raspeln. Weißkohl, Möhren und Kümmel mischen und abgedeckt ca. 20 Minuten stehen lassen. Essig erwärmen. Mehl und Zucker in einer Schüssel mischen. Senfkörner mörsern und zu der Mischung geben. In den heißen, nicht kochenden Essig die Butter geben. Topf vom Herd nehmen und Sahne zugeben. Mehl-Zuckermischung langsam hineingeben und kräftig rühren bis eine sämige Masse entsteht. Noch ca. 2 Minuten weiterrühren, danach zur Seite stellen.

2. Eier verschlagen. 1–2 Esslöffel Dressing zu den Eiern geben, weiter verschlagen und dann alles dem Dressing zufügen. Mayonnaise, saure Sahne und Dressing zu dem Salat geben und alles gleichmäßig unterheben. Mit Salz und Pfeffer abschmecken, nochmals verrühren und für mindestens 3 Stunden in den Kühlschrank stellen. Vor dem Servieren nochmal alles durchmischen und erneut abschmecken.

TEX-MEX-SALAT

Für 6 Portionen | Zubereitungszeit: 15 Min. + 30 Min. Ruhezeit

Viva Mexico! Richtig knusprig wird dieser Salat mit einer ordentlichen Portion Tortilla-Chips und dazu ein kühles mexikanisches Bier!

So wird's gemacht

1. Mais und Bohnen über einem Sieb abgießen und unter fließendem kaltem Wasser gründlich abspülen und abtropfen lassen.

2. Paprikaschote waschen, halbieren, Stielansatz, Samen und weiße Trennwände entfernen und in ca. 1 Zentimeter große Würfel schneiden. Frühlingszwiebeln putzen und in feine Ringe, die entsteinten Oliven in Scheiben schneiden. Cabanossi ebenfalls in Scheiben schneiden. Dill waschen, trocken schütteln, Fähnchen abzupfen und fein hacken.

3. Knoblauch schälen und in eine große Schüssel pressen. Mit Ketchup, Salz, Pfeffer, Paprikapulver, Essig und Dill verrühren. Restliche Salatzutaten zugeben und gut durchmischen.

4. Salat mindestens 30 Minuten zugedeckt im Kühlschrank durchziehen lassen. Nochmals abschmecken und servieren.

Zutaten

1 Dose Mais
1 Dose Kidney-Bohnen
1 rote Paprikaschote
3 Frühlingszwiebeln
10 Oliven
400 g Cabanossi
2 Stängel Dill
1 Knoblauchzehe
5 EL Tomatenketchup
Salz
frisch gemahlener Pfeffer
1 TL Paprikapulver
1 EL Essig

COUSCOUS-SALAT
TABOULEH

Für 4 Portionen | Zubereitungszeit: 20 Min.

Wenn Sie auf eine Grillfeier eingeladen sind und nichts anderes beisteuern sollen als einen Salat, dann machen Sie mit diesem schnellen Couscous-Salat sicher rein gar nichts falsch.

So wird's gemacht

1. Couscous in 250 Milliliter heißes Wasser geben und ca. 10 Minuten quellen lassen.

2. Tomaten waschen, vom Stielansatz befreien und in kleine Würfel schneiden. Frühlingszwiebeln waschen und in Ringe schneiden. Gurke waschen und in kleine Würfel schneiden. Petersilie und Minze waschen, trocken schütteln, die Blätter von den Stielen zupfen und fein hacken.

3. Couscous mit Tomaten, Frühlingszwiebeln, Gurke und Kräutern mischen.

4. Öl, Zitronensaft, Salz und Pfeffer mischen. Dressing über den Couscous geben und gut durchrühren.

Zutaten

250 g Couscous
4 Tomaten
2 Frühlingszwiebeln
½ Gurke
1 Bund glatte Petersilie
2 Stängel Minze
3 EL Olivenöl
3 EL Zitronensaft
Salz
frisch gemahlener Pfeffer

MARINADEN SOSSEN DIPS

BARBEQUE-MARINADE

Zutaten

4 Knoblauchzehen
2 EL Chilipulver
2 TL Senf, 2 EL Ketchup
2 Lorbeerblätter
¼ TL Zimt
30 g brauner Zucker
½ TL Salz, 2 TL Pfeffer
2 TL getrockneter Salbei
6 EL Zitronensaft
3 EL Worcestersoße
1 TL Tabasco
2 EL Essig, 75 ml Öl

Für 4 Portionen | Zubereitungszeit: 5 Min.

So wird's gemacht

1. Knoblauch schälen und fein hacken. Alle Zutaten außer dem Öl mit dem Schneebesen verrühren und einige Minuten ziehen lassen.

2. Öl unterrühren und die Marinade in einen Gefrierbeutel füllen. Geflügel oder Fleisch über Nacht darin einlegen. Auf dem Grill oder im Backofengrill grillen.

KRÄUTER-MARINADE

Für 2 Portionen | Zubereitungszeit: 15 Min.

So wird's gemacht

1. Kräuter waschen, trocken schütteln, Blätter von den Stielen zupfen und ganz fein hacken.

2. Knoblauch schälen und fein hacken. Zitronensaft, Zucker, Salz und Pfeffer verrühren und mit dem Knoblauch zu den Kräutern geben. Mit dem Öl mischen.

Zutaten

2 Stängel Rosmarin
2 Stängel Thymian
2 Stängel Majoran
2 Stängel Oregano
2 Stängel Petersilie
4 Knoblauchzehen
1 EL Zitronensaft
1 TL Zucker
1 TL Salz
frisch gemahlener Pfeffer
250–300 ml Olivenöl

PFEFFER-MARINADE

Für 4 Portionen | Zubereitungszeit: 5 Min.

Zutaten

4 Knoblauchzehen
200 ml Zitronensaft
Salz
15 EL Öl
frisch gemahlener Pfeffer
1 TL grob zerstoßener Pfeffer
1 TL rote Pfefferkörner

So wird's gemacht

Knoblauch schälen und pressen. Mit Zitronensaft, Salz, Öl und Pfeffer verrühren. Die Marinade eignet sich besonders gut für Schweine- und Rindersteaks.

ZITRONEN-MARINADE

Für 2 Portionen | Zubereitungszeit: 5 Min.

So wird's gemacht

1. Knoblauch schälen und pressen. Zitrone auspressen. Knoblauch, Zitronensaft, Öl, Paprikapulver und Pfeffer vermischen.

2. Marinade etwas ruhen lassen und das trocken getupfte Fleisch einlegen. Mehrere Stunden ziehen lassen.

Zutaten

3 Knoblauchzehen
2 Zitronen, 6 EL Öl
3 TL Paprikapulver
frisch gemahlener Pfeffer

CHILI-HONIG-MARINADE

Zutaten

2 Chilischoten
200 ml Sojasoße
100 ml Honig
200 ml Olivenöl

Für 4 Portionen | Zubereitungszeit: 10 Min.

So wird's gemacht

1. Chilischoten waschen, halbieren, Kerne und Scheidewände entfernen. Chili klein hacken.

2. Chili mit Sojasoße und Honig verrühren. Öl untermischen, bis die Flüssigkeit die gewünschte Dicke hat. Fleisch in der Marinade mehrere Stunden einlegen.

BIER-MARINADE

Zutaten

2 Zwiebeln
200 ml Bier
2 EL Senf
1 Lorbeerblatt
20 Pfefferkörner
¼ TL Chilipulver
5 EL Öl

Für 4 Portionen | Zubereitungszeit: 10 Min.

So wird's gemacht

1. Zwiebeln schälen und in Ringe schneiden. Bier, Senf, Lorbeerblatt, Pfefferkörner und Chilipulver gut miteinander vermischen. Öl untermischen.

2. Fleisch mehrere Stunden marinieren. Besonders zart und lecker wird es, wenn das Fleisch über Nacht eingelegt wird. Vor dem Grillen wie immer gut abtropfen lassen und das Fleisch gegebenenfalls abtupfen.

MEXICAN SALSA

Für 4 Portionen | Zubereitungszeit: 30 Min. + 45 Min. Ruhezeit

Zutaten

2 Zwiebeln
1,5 kg Tomaten
3 TL Salz
125 g Chilischoten (aus dem Glas)
1 TL Tomatenmark
1 Bund Koriander

So wird's gemacht

1. Zwiebeln schälen und grob hacken. Tomaten waschen, vom Stielansatz befreien und grob hacken. Zwiebeln und Tomaten salzen, gut durchrühren und ca. 15 Minuten ziehen lassen.

2. Über einem Sieb abgießen und den Saft in einem Topf zum Sieden bringen. Topf vom Herd ziehen und die Tomaten-Zwiebel-Masse einrühren. Ca. 10 Minuten ohne Hitze nur ziehen lassen.

3. Saft erneut in den Topf abgießen und zu einer dickflüssigen Soße einreduzieren. Dabei hin und wieder umrühren.

4. Chilischoten grob hacken und unter die Tomaten-Zwiebel-Masse heben. Masse noch mal abgießen und den Saft zur reduzierenden Soße geben. Wenn die Soße gut reduziert ist, unter der Masse rühren. Im Kühlschrank abkühlen lassen.

5. Kurz vor dem Servieren die Masse ein letztes Mal abgießen und den aufgefangenen Saft mit ein wenig Tomatenmark eindicken. Koriander waschen, trocken schütteln, Blättchen abzupfen und klein hacken. Alles vermischen und servieren.

WASABI-DIP

Zutaten

100 g Margarine
100 g Magerquark
3 TL geriebener Ingwer
2 TL Wasabi, Salz
frisch gemahlener Pfeffer
Zucker
125 g geräucherte Forellenfilets

Für 4 Portionen | Zubereitungszeit: 15 Min.

So wird's gemacht

1. Margarine, Magerquark, Ingwer und Wasabi mit den Quirlen des Handrührers cremig rühren. Creme mit Salz, Pfeffer und Zucker pikant abschmecken.

2. Forellenfilets grob zerpflücken und unter die Creme heben.

CREMIGER PAPRIKA-DIP

Für 2 Portionen | Zubereitungszeit: 30 Min.

So wird's gemacht

1. Zwiebel schälen und fein würfeln. Paprikaschoten putzen, waschen und fein würfeln. Chilischote längs einritzen, entkernen und klein hacken. Öl erhitzen. Zwiebeln, Paprika und Chili darin andünsten. Mit Fond auffüllen, salzen und pfeffern und ca. 3–5 Minuten köcheln lassen.

2. Mehlschwitze einrühren und ca. 1 Minute kochen lassen. Mit Frischkäse verfeinern und pürieren.

Zutaten

1 Zwiebel
1 rote Paprikaschote
1 gelbe Paprikaschote
1 Chilischote
2 EL Olivenöl
250 ml Gemüsefond
Salz
frisch gemahlener Pfeffer
3 EL Mehlschwitze
(z. B. von Mondamin)
1 EL Kräuter-Frischkäse

BACON-ZWIEBEL-DIP

Für 6 Portionen | Zubereitungszeit: 25 Min.

Zutaten

100 g Bacon
2 Zwiebeln
½ Bund Basilikum
200 g Cremefine
(z. B. von Rama)
200 g Joghurt
1 Beutel Salatkräuter
Gartenkräuter
(z. B. von Knorr)
frisch gemahlener Pfeffer
Salz

So wird's gemacht

1. Bacon fein würfeln. Zwiebeln schälen und sehr fein würfeln. Basilikum waschen, trocken schütteln, Blätter abzupfen und in feine Streifen schneiden. Bacon in einer Pfanne ohne Fett langsam ausbraten. Zwiebeln zugeben und hellbraun braten. Pfanne vom Herd nehmen.

2. Cremefine, Joghurt und Salatkräuter verrühren. Bacon und Zwiebeln unterrühren. Bacon-Zwiebel-Dip mit Pfeffer und Salz abschmecken. Kurz vor dem Servieren Basilikum unter den Bacon-Zwiebel-Dip mischen.

HOT SAUCE MIT CHIPOTLE

Für 4 Portionen | Zubereitungszeit: 35 Min.

Zutaten

1 Zwiebel
3 Knoblauchzehen
12 Chipotle (geräucherte Jalapeños)
60 ml Apfelessig
100 ml getrocknete Tomaten (in Öl)
Salz
475 ml Essig

So wird's gemacht

1. Zwiebel schälen und fein hacken. Knoblauch schälen und fein hacken. Zwiebel, Knoblauch, Chipotle, Apfelessig, Tomaten und Salz in einen Topf mit 700 Millilitern Wasser geben und mit geschlossenem Deckel auf niedriger Temperatur köcheln lassen, bis die Mischung auf ca. 350 Milliliter reduziert ist.

2. Mischung in einem Mixer zu einer pastenähnlichen Konsistenz pürieren. Essig und Mischung in eine Schüssel geben und gut verrühren. Alles durch ein Sieb streichen, um Saatkörner und feste Partikel zu entfernen.

SÜSSES

FRÜCHTCHEN AM SPIESS
MIT MARSHMALLOWS

Für 4 Portionen | Zubereitungszeit: 20 Min.

Die schaumige Lieblingssüßigkeit der Amerikaner darf an keinem Lagerfeuer fehlen und begeistert in dieser fruchtigen Variante nicht nur die Kids.

So wird's gemacht

1. Marshmallows auf Spieße stecken und auf dem heißen Grill unter Wenden goldbraun grillen. Dann wieder von den Spießen abziehen.

2. Erdbeeren und Aprikosen waschen und mit einem Küchenkrepp vorsichtig trocken tupfen.

3. Von den Erdbeeren das Grün entfernen und halbieren. Aprikosen halbieren und von den Steinen befreien. Erdbeerhälften, Aprikosenhälften und Marshmallows abwechselnd auf die Spieße stecken und erneut unter Wenden ganz kurz auf den Grill legen. Auf einer Platte anrichten und nach Belieben vor dem Servieren mit Honig beträufeln.

Zutaten

200 g Marshmallows
200 g Erdbeeren
200 g Aprikosen
Honig

GEGRILLTE MELONE
FÜR HEISSE TAGE

Für 4 Portionen | Zubereitungszeit: 30 Min.

Wenn einem die Mousse au Chocolat aufgrund der heißen Temperaturen vom Löffel rinnt, muss schnell ein Ersatzdessert her – grillen Sie doch einfach mal eine Melone!

Zutaten

1 kg Wassermelone
6 Macadamianüsse
2 EL Mandelblättchen
2 Bund Zitronenmelisse
2 EL Limettensaft
8 EL Ahornsirup

So wird's gemacht

1. Melone mit einem großen Messer in 8 dicke Scheiben schneiden. Kerne entfernen.

2. Macadamianüsse hacken und mit Mandelblättchen in eine beschichtete Pfanne geben. Ohne Fett anrösten und abkühlen lassen.

3. Melisse waschen, trocken schütteln, Blätter abzupfen und grob hacken. Abgekühlte Nüsse und Melisse mit einem Stabmixer sehr fein pürieren.

4. Limettensaft und Ahornsirup zur Nussmasse geben und gut durchmixen.

5. Melonenscheiben auf dem Grill von beiden Seiten kurz grillen. Mit dem Nuss-Pesto zusammen servieren.

BUTTERMILCHMOUSSE
MIT GEGRILLTEM PFIRSICH

Für 4 Portionen | Zubereitungszeit: 1 Std. und 25 Min.

Auch dieses gegrillte Dessert lässt die Herzen der figurbewussten Damen höher schlagen – auch wenn es in Wahrheit doch gehaltvoller ist, als es auf den ersten Blick scheint.

Zutaten

6 Blatt weiße Gelatine
250 ml Buttermilch
3 EL Limettensaft
1 TL abgeriebene Schale von 1 unbehandelten Limette
40 g Puderzucker
250 g Schlagsahne
4 Pfirsiche

So wird's gemacht

1. Gelatine in kaltem Wasser einweichen. Buttermilch mit Limettensaft, Limettenschale und Puderzucker gut verrühren. Gelatine tropfnass bei mittlerer Hitze auflösen, unter die Buttermilch rühren und kalt stellen.

2. Schlagsahne steif schlagen. Sobald die Buttermilch zu gelieren beginnt, die Sahne unterheben. Kalt stellen, bis zum Servieren.

3. Pfirsiche halbieren und entkernen. Auf der fleischigen Seite knusprig grillen. Jeweils eine Nocke Mousse in die Mitte des Pfirsichs geben und schnell servieren.

GEGRILLTE BANANE
MIT NUSSNUGAT-ERDNUSSCREME

Für 1 Portion | Zubereitungszeit: 5 Min.

Eine Nachspeise, wie man(n) sie sich wünscht: Banane, Nussnugatcreme und Erdnussbutter – der perfekte Geschmack!

Zutaten

1 Banane
1 EL Honig
1 EL Nussnugatcreme
1 EL Erdnussbutter

So wird's gemacht

1. Banane schälen und auf ein Stück doppelt gefaltete Alufolie legen.

2. Je einen Esslöffel Honig, Nussnugatcreme und Erdnussbutter zugeben. Alufolie verschließen und ca. 10 Minuten grillen.

HOT MEETS COLD
EIS VOM GRILL

Für 4 Portionen | Zubereitungszeit: 25 Min.

Die für dieses heißkalte Dessert verwendeten Früchte lassen sich beliebig austauschen. Man kann dafür auch gut in Alkohol eingelegtes Obst verwenden – hicks!

So wird's gemacht

1. Eier trennen. Eiweiß zu steifem Schnee schlagen, dabei nach und nach den Puderzucker zugeben.

2. Kiwi schälen, Erdbeeren waschen und putzen und beides in sehr dünne Scheiben schneiden. Fruchtscheiben gleichmäßig auf den Tortenböden verteilen. Je 1 Kugel Eis über die Früchte geben. Mit einem Schaber den steif geschlagenen Eischnee lückenlos um das Eis geben.

3. Törtchen auf Alufolie in den vorgeheizten Grill stellen und bei geschlossenem Deckel ca. 4 Minuten indirekt grillen.

4. Ausgehärteten Eischnee nach Wunsch mit einem Bunsenbrenner leicht nachbräunen und bei Bedarf mit Fruchtsoße dekorieren.

Zutaten

6 Eier
1 EL Puderzucker
1 Kiwi
6 Erdbeeren
4 kleine Tortenböden
250 g Vanilleeis

BRATÄPFEL
FÜR DAS WINTERGRILLEN

Für 8 Portionen | Zubereitungszeit: 30 Min.

Wenn Santa schon um die Ecke biegt, wird es Zeit, die Winterstiefel rauszuholen und sich auf den Weg zum Grill zu machen – schmeckt wie bei Muttern, nur besser!

So wird's gemacht

1. Hefezopf in kleine Würfel schneiden. Mit den Mandeln in einer Pfanne ohne Fett goldbraun anrösten. Vom Herd nehmen und etwas abkühlen lassen. Orangeat und Walnüsse fein hacken.

2. Äpfel abspülen und trocken reiben. Mit einem Ausstecher das Kerngehäuse entfernen. Den Apfel innen mit geschmolzener Butter ausstreichen. Orangeat, Rosinen, Walnüsse, Mandel-Brotwürfel-Mischung und Likör mischen und die Äpfel damit füllen. Jeden Apfel in ein Stück Alufolie wickeln. Auf dem heißen Grill oder in der heißen Glut ca. 12 Minuten backen.

Zutaten

40 g Hefezopf
40 g gehackte Mandeln
30 g Orangeat
30 g Walnüsse
8 Äpfel
25 g Butter
30 g Rosinen
3 EL Orangenlikör (oder Orangensaft)

FLAMBIERTE ANANAS

Für 4 Portionen | Zubereitungszeit: 15 Min.

Karibikfeeling inklusive gibt es beim Verzehr dieser leckeren Früchtchen. Und damit auch Oma glücklich wird, reichen Sie das gute Vanilleeis dazu.

Zutaten

4 Scheiben Ananas
4 Sternanis
4 EL Kürbiskerne
4 TL Honig
Sonnenblumenöl
4 Kugeln Vanilleeis

So wird's gemacht

1. Ananas in Stücke schneiden. Vier kleine Stücke Alufolie zu einem runden Schälchen formen und Ananas gleichmäßig auf die Schälchen verteilen.

2. Je 1 Sternanis und 1 Esslöffel Kürbiskerne auf die Ananas legen. Je 1 Teelöffel Honig und etwas Öl in das Schälchen geben. Ananasschälchen auf dem Grill gut anrösten, sodass der Fruchtzucker karamellisiert.

3. Die Päckchen jeweils mit einer Kugel Vanilleeis servieren.

REGISTER

A
Abstellmöglichkeiten 10
Aloha! – Fisch im Bananenblatt 82
Alufolie 13
Alugrillschale 19
Angrillen 12
Anzündkamin 9
Anzündwürfel 9
Apfelsaft 23
Aphrodisierende Jakobsmuscheln 64
Aromaschiene 10
Aromaträger 15
Aufgespiesster Fisch 66
Austrocknen 15

B
Bacon-Zwiebel-Dip 118
Barbecue 6, 12
Barbeque Marinade 110
Belüftungsklappe 13
Bepinseln 13
Bier-Marinade 114
Bierdosen-Hähnchen vom Grill 55
Blechrohr 9
Bratäpfel für das Wintergrillen 131
Brenner 9
Brennmaterial 7, 9
Briketts 8
Burger mit Meer 72
Buttermilchmousse mit gegrilltem Pfirisch 127

C
Caesar Salad Classic 98
Chicken Wings – Pure and simple 53
Chili-Honig-Marinade 114
Coleslaw – American Style 104
Couscous Salat Tabouleh 107
Cremiger Paprika-Dip 117

D
Dicke 20
Die Mutter aller Burger 41
Direktes Grillen 11
Dorade 19
Drahtbürste 10
Drehregler 9
Drehspieße 11
Drucktest 17
Dunkle Marinade 21
Dünnflüssig 22
Durchgebraten 17

E
Einschalten 11
Elektrogrill 7, 11
Erstrebenswerte Hühnerbrüste 50

F
Faustregel 21
Fertiggrillen 12
Fett 9, 10
Fettrand 15
Feuer 13
Feuerbox 13
Feuerzangenbowle 23
Feurige Spareribs 29
Fingerdick 15
Flambierte Ananas 132
Flammen 15
Fleischart 12
Fleischdicke 17
Fleischlos 20
Fleischreste 10
Fleischstücke 12
Fleischthermometer 11
For the Ladies – Mozzarella-Tomaten-Salat mit gegrilltem Pfirsich 97
„Forget Sushi-Spareribs mit Sesam 32
Früchtchen am Spieß mit Marshmallows 123

G
Garkammer 13
Garmethoden 11
Garzeit 12
Gasgrill 7, 9
Geflügelfleisch 15, 18, 22
Geflügelteile 18
Gefüllte Forelle aus der Zange 69
Gefüllte Paprika – Richtig eingeheizt! 87
Gefüllte Zwiebeln 96
Gegrillte Banane mit Nussnugat-Erdnusscreme 128
Gegrillte Calamari 76
Gegrillte Leberkäse-Brezel 37
Gegrillte Melone für heiße Tage 124
Gegrillter Mais 88
Gegrillter Wolfsbarsch mit Kräuterbutter 71
Gemüse-Pakete vom Grill 91
Geschmack 10, 15
Gestell 7, 10
Glühen 14
Glut 8, 15
Grillanzünder 8
Grillbesteck 10f.
Grilldauer 17
Grillfläche 10,
Grillgabel 17
Grillgeräte 6,12
Grillgut 9, 10, 13
Grillhandschuhe 9, 11
Grillkörbe 11
Grillmeister 14
Grillmethode 12
Grillrost 7,13
Grillschale 7
Grillspieße 12
Grilltraditionen 6
Grillzeit 16, 20
Grillzubehör 11

REGISTER

H
Handblasebalg 8
Helle Marinade 21
Hobelspäne 8
Hochrippe 16
Holz 13
Holzfällersteak 34
Holzfeuer 13
Holzkohle 7, 8
Holzkohlegrill 7
Holzkohlenaroma 8
Hot meets Cold – Eis vom Grill 129
Hot Sauce mit Chipotle 119
Hotdog vom Grill – Kraut Style 31
Hühnerbeine wie keine 56

I
Indirektes Grillen 11
Italienischer Nudelsalat mit Pancetta 101

J
Juicy Red Roastbeef 38

K
Kartoffelsalat mit Bacon & Mayo 103
Keramiksteine 9
Klappgill 14
Kotletts 12, 15, 17
Kräuter-Marinade 111
Kräuterdorade 63
Kruste 22
Kugelgrill 12
Kühlschrank 15
Lachs & Lemon 60
Lachs im Paket 81
Lammkeule 17
Lamb Chops 44
Lavasteine 9
Luftöffnungen 8
Luftzufuhr 13

M
Makrele vom Grill 79
Marine Stewardship Council (MSC) 19
Marinieren 13. 21
Marmorierung 15
Mediterran 19
Medium 17
Medium rare 17
Mexican Salsa 115
Mop-Pinsel 22

P
Paprikaschoten 20
Pfeffer-Marinade 112
Pinienholz 8
Pizzastein 11
Plank Grilling 11, 13
Pulled Pork aus dem Smoker 49
Pumpkin Slices – Gegrillter Kürbis 94

Q
Qualität 15

R
Rauch 13
Raucharoma 13
Rauchentwicklung 9, 13
Räuchern 12
Rauchsalz 21
Ribeye 16
Riesengarnele mit Limettenmarinade 83
Rinderbrust 12
Rinderfilet 16, 42
Rinderfilet Deluxe 42
Rinderhüfte 16
Rinderlende 16
Rindfleisch-Paprika-Spieße 36
Roastbeef 16
Rosa 17
Rost 7, 18
Rostabstand 9
Rumpsteak 16

S
Schnitttechnik 15
Schweinebauch 16
Schweinefilet 16
Schweinelende 16
Shrimps in Soja-Knoblauch-Marinade 70
Smoken 12f.
Spareribs 12
Statt aus der Dose – Thunfisch vom Grill 75
Steak 12, 17
Steckdose 11
Stichflamme 9

T
T-Bone-Steak – Der Klassiker 26
Teilstück 12
Terrassenheizer 14
Tex-Mex-Salat 105
Tischmodelle 11
Trockenes Marinieren 22

U
Ultimative Ofenkartoffel mit Sauerkraut 92

V
Verlängerungskabel 11
Verschmutzung 10

W
Wasabi-Dip 117
Wasser 13, 23
Wedeln 8
Weinschorle 23
Weißwein 23
Well done 17
Wender 11
Wiener im Teig 47
Wintergrillen 14
Würste 16
Würzlehre 21

Z
Zäh 15
Zange 11
Zart 13, 15
Zeit 13
Zimmertemperatur 15
Zitronen-Marinade 113
Zubereitung 18

IMPRESSUM

www.otus.ch
ISBN: 978-3-03793-583-5

Komplettproducing: twinbooks, München (Melanie Goldmann, Viktoria Schuster)
Text und Redaktion: Jana Lösch, Gesa Scheziat für twinbooks, München

Text- und Bildquellen:
1: Ivana Lalicki/shutterstock.com; 5: Photographee.eu//shutterstock.com; 6: Baevskiy Dmitry/shutterstock.com; 7: Lukas Gojda/ shutterstock.com; 8: Daxiao Productions/shutterstock.com; 9: Frank Gaertner/shutterstock.com; 10: g stockstudio/shutterstock.com; 11: Gabriele Niepenberg/shutterstock.com; 12: JAY ZEE/shutterstock.com; 14: stockcreations/shutterstock.com; 16: Fotoatelie/shutterstock.com; 17: primopiano/shutterstock.com; 18: Joshua Resnick/shutterstock.com; 19: Firma V/shutterstock.com; 20: PHB.cz (Richard Semik)/shutterstock.com; 22: stockcreations/shutterstock.com; 23: alexpro9500/shutterstock.com; 24: Lukas Gojda/shutterstock.com; 24: Brent Hofacker/shutterstock.com; 24: Lisovskaya Natalia/shutterstock.com; 24: avs/shutterstock.com; 25: Lukas Gojda/shutterstock.com; 27: Subbotina Anna /shutterstock.com; 28: Brent Hofacker/shutterstock.com; 30/31 Knorr (Text und Bild); 33: avs/shutterstock.com; 34/35: Knorr (Text und Bild); 37: Knorr (Text und Bild); 39: Knorr (Text und Bild); 40: Natasha Breen/shutterstock.com; 43: Lukas Gojda/shutterstock.com; 45: Luiz Rocha/shutterstock.com; 46:/47 (Text und Bild); 48: Jag_cz/shutterstock.com; 51: zi3000/shutterstock.com; 52: Lisovskaya Natalia/shutterstock.com; 54: stockcreations/shutterstock.com; 57: istetiana/shutterstock.com; 58: goldenjack/shutterstock.com; 58: Jag_cz/shutterstock.com; 58: Wiktory/shutterstock.com; 58: Alexander Raths/shutterstock.com; 59: amenic181/shutterstock.com; 61: Jag_cz/shutterstock.com; 62/63:Du darfst (Text und Bild); 65: Bernd Juergens/shutterstock.com; 67: Virunja/shutterstock.com; 68/69: Rama (Text und Bild); 73: Elena Shashkina/shutterstock.com; 74: margouillat photo/shutterstock.com; 77: goldenjack/shutterstock.com; 78: Alexander Raths/shutterstoc.com; 80: Wiktory/shutterstock.com; 84: margouillat photo/shutterstock.com; 85: istetiana/shutterstock.com; 86: stockcreations/shutterstock.com; 89: Tatiana Volgutova/shutterstock.com; 90:/91 Knorr (Text und Bild); 92/93: Rama (Text und Bild); 95: margouillat photo/shutterstock.com; 98/99: Rama Cremefine (Text und Bild); 100/101: Knorr (Text und Bild); 102/103: Knorr (Text und Bild); 106: martiapunts/shutterstocl.com; 108: stockcreations/shutterstock.com; 108: Lapina Maria/shutterstock.com; 109: HandmadePictures/shutterstock.com; 110: stockcreations/shutterstock.com; 111: Lapina Maria/shuttestocl.com; 112: ff-photo/shutterstock.com; 113: teleginatania/shutterstocl.com; 115: MSPhotographic/shutterstock.com; 116/117: Lätta (Text und Bild); 116/117: Mondamin (Text und Bild); 118: Rama Cremefine (Text und Bild); 119: tacar/shutterstock.com; 120: SARYMSAKOV ANDREY/shutterstock.com; 120: stockcreations/shutterstock.com; 121: kropic1/shutterstock.com; 122: Val Thoermer/shutterstock.com; 125: Brent Hofacker/shutterstock.com; 126: Yeko Photo Studio/shutterstock.com; 128: itman__47/shutterstock.com; 130: stockcreations/shutterstock.com; 133: SARYMSAKOV ANDREY/shutterstock.com; Illustration Zutatenkasten: ksusha_art/shutterstock.com; Cover: Melnikov Sergey/shutterstock.com